Angelika Dietrich, Angelika Röder

Cafés & Ateliers im Fünfseenland

Besondere Menschen und Orte laden ein

Inhalt

Rund um die fünf Seen laden Menschen, Cafés und Ausflüge zu Entdeckungen ein.

Begegnungen

Ja, wir waren neugierig: Wir wollten sie kennenlernen, die Menschen, die aus Überzeugung ein kleines Café betreiben und mit Liebe einrichten. Die Künstler, die ab und an ihre Ateliers öffnen, oft aber im Verborgenen ihre Kunstwerke anfertigen. Wir wollten diejenigen vorstellen, die besondere Dinge anfertigen, möglichst in kleinem Format: kleine Kunst »zum Mitnehmen«. Das Kunstwerk, das eine Erinnerung ist an die Region, in der man lebt oder in der man Urlaub gemacht hat.

Die Auswahl fiel uns nicht leicht. Es gibt ganze »Künstlernester«, wie Holzhausen am Starnberger See oder Dießen am Ammersee, über die man ein eigenes Buch schreiben könnte. Es gibt so viele Maler im Fünfseenland, dass man über sie mehrere Bände füllen könnte. Deshalb haben wir nur einen einzigen Maler porträtiert, der schon eine Institution am Starnberger See ist.

Viele Begegnungen hielten Überraschendes bereit: Wir trafen einen Schmied, der für die Regisseure Doris Dörrie und Oliver Hirschbiegel gearbeitet hat. Wir besuchten eine Papierkünstlerin, deren Werke jetzt in Monaco hängen. Wir trafen eine Konzeptkünstlerin, die vier Berufe ausübte, bevor sie ihre Berufung fand. Wir lernten Künstler kennen, die von ihrem Schaffen leben können, andere, die nebenbei noch Geld verdienen müssen. Wir besuchten Cafés, die ehrenamtlich betrieben werden oder zusätzlich als Touristenbüro oder Boutique fungieren. Wir trafen Cafébetreiber, die ausgebildete Konditoren sind und solche, die aus einer ganz anderen Branche kommen. Alle Cafébetreiber gaben uns das Rezept eines Kuchens mit, den sie für ihre Gäste besonders gern backen.

Obwohl wir beide hier aufgewachsen sind, entdeckten wir Orte, an denen wir noch nie waren und an denen wir die Zeit vergaßen. Wir lernten warmherzige Menschen kennen, die (zum Teil nach Umwegen) gefunden haben, was ihr Leben lebenswert macht. Jede Begegnung hat uns bereichert und ließ uns mit einem Lächeln nach Hause fahren.

Wir wünschen Ihnen, dass es Ihnen genauso geht. Lassen Sie sich auf die Begegnungen ein, ziehen Sie selbst los, kommen Sie ins Gespräch. Je besser man die Menschen kennt, desto vertrauter ist einem eine Gegend.

Versteckte Plätze laden ein innezuhalten und ins Gespräch zu kommen.

Ammersee

PÂTISSERI
Bitte drinnen
bestellen &
bezahlen

Café Süßwahn

Denise Peters mag es verspielt

Noch bevor sie lesen konnte, konnte Denise Peters schon backen. Ihre Mutter hatte ihr zum siebten Geburtstag einen kleinen Kinderherd geschenkt, mit richtigem Backrohr und echten Herdplatten. Da war Peters gerade in die Schule gekommen und lernte die ersten Buchstaben. Aber für einen Kuchenteig musste sie kein Rezept lesen können: Mehl, Eier, Milch, Zucker rührte sie nach Gefühl zusammen und füllte es in die kleine Gugelhupf-Form. Sie buk Pfannkuchen und kochte Suppe – es schien, als sei schon immer klar gewesen, was sie später mal zu ihrem Beruf machen würde. Und doch zögerte Denise Peters, als sie sich, gerade 18 Jahre alt, für eine Lehre entscheiden sollte: »Ich dachte, wenn Backen mein Beruf wäre, dann hätte ich vielleicht bald keine Lust mehr darauf.« Das, was man liebt, als Hobby bewahren. Aber die Praktika im Hotelfach, Betten machen und Bäder putzen, waren nicht ihr Fall. »Ich wollte kreativ arbeiten, etwas mit den Händen machen.« Also doch eine Konditorenlehre. In Landsberg, nicht weit vom heimischen Finning. Nach der Lehre wechselte die, nun ja, »frischgebackene« Konditorin, vom Ammersee an den Starnberger See: Im Starnberger Hotel *La Villa* schuf man für die damals 21-Jährige den Posten der Patissière – sie war zuständig für Nachtisch und Hochzeitstorten. Denise Peters durfte entscheiden, was auf die Dessert- und Kuchenteller kam. Kreierte einen *gâteau au chocolat* plus Sorbet, kredenzte Moussetörtchen mit filigranem Schokodekor, erfand ein salziges Vanillekrokant. Buk Hochzeitstorten, manchmal bis zu fünf Stockwerke hoch, die sie mal mit Zuckerrosen verzierte, mal mit lila Schokoblättchen und Zuckerschwänen dekorierte. Ein Traumjob. Aber ihr Traum war, sich mit dem Job selbstständig zu machen. Also folgte ein Meisterkurs und die Rückkehr an den Ammersee: Denise Peters wusste von einer ehemaligen Pizzeria, in deren

CAFÉ SÜSSWAHN
Schützenstraße 32 • 86911 Dießen am Ammersee
Tel.: 08807/946 80 64 • www.suesswahn.de
Öffnungszeiten: Mi–Fr 10–13 Uhr und von 14–18 Uhr, Sa–So 10–18 Uhr
aktuelle Angaben auf der Webseite
TIPP Schacky-Park, Vogelherdstraße, 86911 Dießen am Ammersee

Denise Peters' Tipp:

Spazierengehen im weitläufigen Schacky-Park bis hin zum Teehaus; oft stellen Künstler im Park ihre Skulpturen aus.

Räumen sich verschiedene Handwerker und Künstler eingemietet hatten und dort ihre Sachen verkauften. Die einstige Küche stand leer – dort richtete sie sich eine Backstube ein, buk Kuchen und Torten auf Bestellung, gab Pralinenkurse, Backkurse, Cakepop-Kurse. Zum perfekten Glück fehlten nur Räume für ein Café. Die fand die Patissière im Jahr 2015 nur zwei Straßen weiter. Sie besorgte wuchtige Theken, rote Samtsofas und -sessel im Stil der Gründerzeit. Kronleuchter und Teekannen-Lampen. Eine alte Registrierkasse. So wie sie es sich immer für ihr Café vorgestellt hat, seit sie den Film *Chocolat* gesehen hatte: eine Mischung aus Wiener Kaffeehaus und französischer Patisserie mit einem Schuss Vintage-Look. In der Vitrine leuchten gelb Zitronentarte und Käsekuchen, rosa die Eclairs und Himbeertorte.

Die Lage ist perfekt – auch deshalb, weil sich rund um Dießen mit seinem prächtigen barocken Münster die Hochzeitslocations reihen: Wer hier heiratet, feiert oft bei Ammersee-Events in der *Alten Brauerei* in Stegen, im *Seehaus* in Riederau, beim *Schreyegg* in Stegen. Und wer heiratet, braucht eine Torte, braucht Denise Peters. Ihr Geschick und ihre Beratung. Der Trend derzeit: der *naked cake*. Kuchenböden pur, ohne Überzug, mit vielen Früchten, Beeren, Blüten garniert. Ohne aufwendigen Zuckerüberzug. Peters stimmt das Dekor auf die Farben von Blumen, Deko, Tischschmuck des Brautpaares ab. Sie liebt die diffizilen Dekorationen, wie kleine Kunstwerke sehen ihre Torten, Eclairs und Törtchen aus – schon als Kind hat sie viel gemalt und gezeichnet. »Aber es ist wichtig, dass es nicht nur gut aussieht, es muss auch schmecken.« Denise Peters macht sich die Rezepte passend, verwendet weniger Zucker, verfeinert den Teig mit natürlichen Aromen wie Vanille, Erdbeere oder Tonkabohne, bäckt nur mit Dinkelmehl und Bioeiern. Und am liebsten nach Rezepten aus der französischen Küche: Die Familie ihres Vaters stammt aus der Karibik, aus Guadeloupe. Zwei Tanten leben dort, zwei in Paris. Klar, dass sie dort gerne in den Patisserien unterwegs ist: »Die Franzosen probieren mehr aus«, findet sie. Wie sie den Dießenern die französischen Backwerke näherbringen kann, daran tüftelt die Konditorin noch: Noch essen sie lieber Käsekuchen als Petit Fours oder Eclairs.

Eine Sache immerhin hat sie schon eingeführt: Ihre Patisserie schmückt sich gleichzeitig mit dem Titel Spielecafé – ein Trend, der im Norden der Republik schon weit verbreitet ist. In ihrer Familie wurden schon immer lang und ausdauernd Gesellschaftsspiele gespielt, knifflige Strategiespiele haben es Denise Peters besonders angetan. Zwar war das Haus immer voll, aber um noch mehr Leute dafür zu begeistern, gründeten Mutter und Tochter vor ein paar Jahren in Finning einen Spieleverein. »Spielen verbindet«, sagt Peters. Alle zwei Wochen treffen sich die Mitglieder von *Spielkultur* samstags im Haus von Denises Mutter, dort wird ab 17 Uhr gewürfelt, gezogen und strategisch gedacht, stundenlang. Mehr als 300 Spiele gibt es dort, im Café finden sich immerhin ein Zehntel davon: Klassiker meist, wie *Scrabble* oder *Die Siedler von Catan*. Spielen kann jeder, der Lust hat. Dazu ein selbst gebackenes Stück Kuchen. Und es ist, als säße man daheim im Wohnzimmer.

Als Denise Peters den Film *Chocolat* gesehen hatte, wusste sie, dass sie einmal ein eigenes Café haben wollte und wie es aussehen sollte. Die Möbel kaufte sie gebraucht oder baute sie selbst. Ihre Kuchen und Torten sehen aus wie kleine Kunstwerke.

Macarons mit Himbeer-Marzipancreme

Denise Peters will ihren Gästen die französische Patisserie schmackhaft machen.

Zutaten für die Mandelmasse
(ergibt etwa 20 Macarons)
2 Eiklar (60 g)
40 g Zucker
70 g gemahlene und geschälte Mandeln
140 g Puderzucker
backfähige Lebensmittelfarbe (etwa über www.pati-versand.de oder www.backtraum.eu)

Zutaten für die Himbeer-Marzipancreme
50–60 g gefrorene Himbeeren für 30–50 ml Himbeerpüree
100 g Marzipan
40 g Puderzucker
Vanille und/oder
1 TL Himbeergeist

Außerdem
Spritzbeutel und Lochtülle (8–12 mm)

Zubereitung
Die Mandeln und den Puderzucker mischen und mit dem Mixer noch feiner mahlen – nicht zu lange! Es soll schön pudrig bleiben.

Das Eiweiß mit dem Handrührer anschlagen und den Zucker hineinrieseln lassen, weiterschlagen. Wenn das Eiweiß Spitzen bildet, die rote Lebensmittelfarbe kurz unterrühren.

Nun den Mandelpuder nach und nach zur Eischneemasse sieben und behutsam unterheben, bis eine glatte Masse entsteht, die nur langsam vom Spatel tropft.

Diese Masse sofort in eine Spritztüte mit Lochtülle füllen (Achtung, die Masse trocknet schnell aus) und auf ein mit Backpapier belegtes Blech spritzen. Dazu die Spritztüte senkrecht etwa 1 cm über das Backpapier halten und die Mandelmasse gleichmäßig aus der Tüte drücken. Für das nächste Macaron neu ansetzen und einen Fingerbreit Abstand lassen. Der Durchmesser der rohen Macarons sollte etwa 2 cm betragen.

Dann die Macarons 45 Minuten bei Raumtemperatur antrocknen lassen, sodass eine leichte Fingerberührung die Oberfläche nicht mehr verletzt. Das ist sehr wichtig, denn so reißt die Oberfläche der Macarons beim Backen nicht auf und die gewünschten »Füßchen« entstehen.

Die angetrockneten Macarons 15 Minuten bei 150–170 °C backen.

Wenn die Macarons beim Backen zu stark aufgehen, ist die Backtemperatur für diesen Ofen zu hoch! Beim nächsten Mal eine niedrigere Temperatur wählen.

Die fertig gebackenen Macarons mit dem Backpapier vom Blech ziehen und auskühlen lassen.

Aufgetaute Himbeeren mit einem Pürierstab pürieren und durch ein Sieb streichen. Das so entstandene Himbeerpüree mit dem Marzipan und dem Puderzucker per Hand zu einer zähflüssigen Masse kneten. Dann mit dem Handrührgerät gut durchrühren, um letzte Klümpchen zu zerkleinern. Mit Vanille- und/oder Himbeergeist abschmecken. Falls die Masse zu flüssig ist, noch etwas Marzipan mit einkneten. Die Creme in eine Spritztüte füllen und auf jede zweite Macaronhälfte spritzen. Dann zusammensetzen.

Eva und Wolfgang Lösche

Der Keramikbetrieb ist seit Generationen eine archäologische Fundgrube

Man mag es Schicksal nennen, Zufall oder Fügung: Es war im Jahr 1938, da ließ sich der Professor für Bildhauerei, Karl Lösche, in Dießen nieder. Und ab diesem Moment begannen sich die Geschichte eines Grundstücks mit der Geschichte einer Familie eng zu verweben. Ja sogar mit der Geschichte des Ortes und einer ganzen Zunft.

Die Familie bezog das Haus am Kirchsteig 19. Die Dorfleute nannten es das »Hafnerhaus«. Denn einst hatten hier Töpfer gelebt – oder Hafner, wie man früher sagte. Aber das erfuhren die Lösches erst viele Jahre später. Dießen zog stets schon viele Keramiker an, schließlich wurde hier Ton abgebaut, eine besondere Sorte, die beim Brennen schön hell wird. Ideal, um Fayencen herzustellen – eine bestimmte Art weißer und bemalter Tonwaren. Auch das erfuhren Lösches erst viel später. Wie das Schicksal (oder der Zufall) es wollte, begann sich auch Karl Lösches Sohn Ernst für die Keramik zu interessieren. Vielleicht weil die Familie des Vaters bereits als Maler und Modelleure in den Thüringer Porzellanmanufakturen tätig war und ihm das Interesse für dieses Handwerk sozusagen mit in die Wiege gegeben wurde. Wie auch immer: Ernst Lösche baute die ehemalige Wagenremise auf dem Grundstück um und eröffnete dort im Jahr 1945 eine Werkstatt. Er fertigte in den 50er- und 60er-Jahren knallbunte bauchige Bodenvasen und Krüge, schuf Gartenkugeln, Eulen und Elefanten, färbte mit Eichenasche, Brennnesselasche, Rosenasche. Er befasste sich mit der Technik des Schwarzbrandes: Hier wird der Ton im Holzofen und am Ende ohne Sauerstoff gebrannt. Es hätte so weitergehen kön-

KERAMIK LÖSCHE
Am Kirchsteig 19 • 86911 Dießen am Ammersee
Tel.: 08807/18 77 • www.loesche-keramik.de
Öffnungszeiten: Mo–Do 9–17 Uhr, Freitag und Samstag nach Vereinbarung
TIPP Marienmünster: Klosterhof 10a, 86911 Dießen am Ammersee

Eva Lösches Tipp:

Das Marienmünster besichtigen und dann nach Wengen laufen oder fahren. Von dort nach Bischofsried wandern: An der Kapelle Maria Schnee vorbei und weiter nach Bischofsried, die Anhöhe hinauf. Bei klarem Wetter hat man einen Blick über den Ammersee und die ganze Gebirgskette.

nen, hätte Ernst Lösche nicht 1962 einen Apfelbaum gepflanzt. Er grub ein Loch auf der Wiese hinter dem Haus, entfernte einen alten Wurzelstrunk und an diesem Strunk hing er: der Krug, nahezu unversehrt. Keramiker Lösche erkannte auf einen Blick: Das war kein fertiger Krug – es war das Abfallprodukt eines Keramikers. Ernst Lösches Forschergeist war erwacht. Er führte auf dem Grundstück systematische Ausgrabungen durch, vor allem seit Kanalarbeiten Ende der 70er-Jahre immer mehr Scherben an die Oberfläche brachten. Sein Sohn Wolfgang unterstützte ihn und begann Volkskunde und Vor- und Frühgeschichte zu studieren.

Die Keramikforschung war damals eine noch junge Disziplin. Wie bei einem Puzzle fügte sich langsam eins zum anderen: die vielen Scherben, die immer wieder beim Arbeiten im Garten aufgetaucht waren. Alles Reste von Fehlbränden und Zwischenprodukten: Werkstattbruch. Der Name »Hafnerhaus«. Die besonderen Muster und Farben, die auf den Scherben zu erkennen waren. Nun war bewiesen, dass Dießen eine der ersten Produktionsstätten für Fayencen in ganz Deutschland war. Schon im 17. Jahrhundert wurden diese weißen mit blauen Mustern versehenen Tonwaren in dem Ort am Ammersee gefertigt. Dabei wird das Gefäß nach dem ersten Brennen mit Zinnglasur weiß glasiert, dann malen Keramikmaler in die noch rohe Glasur hinein. Danach wird noch einmal gebrannt.

Das Landesamt für Denkmalpflege befand, die Scherben müssten der Öffentlichkeit zugänglich gemacht werden, und so richteten die Lösches auf ihrem Grundstück ein Museum ein: zwei kleine Räume über den Werkstätten. Man steigt die schmale Stiege hoch, vorbei an Weinranken, und betritt zwei Räume, die von der Geschichte der Dießener Keramikkunst vom 16. bis 18. Jahrhundert erzählen. Sogar ein Fundstück aus dem 11. Jahrhundert ist zu sehen. Kleine Apothekergefäße für Salben stehen in den Vitrinen, Stücke eines Kachelofens, die Figur der heiligen Judith mit dem Kopf des Heeresführers Holofernes in der Hand. Und immer wieder Fayencen aus dem 17. Jahrhundert. Bis auf wenige Ausnahmen alles Fundstücke vom eigenen Grundstück. Aus den Kirchenbüchern kennen Lösches inzwischen auch die Namen der Hafner: Wilhelm Rauch töpferte hier von 1679 bis 1693, ihm folgte bis 1726 Andreas Erntl.

Der Keramiker Ernst Lösche ließ die alte Tradition wieder aufleben: Fortan fertigte seine Werkstatt Fayencen, weiß mit blauen Mustern, originalgetreu, wie man sie auf den historischen Stücken gefunden hat. Die Blüten, erzählt seine Schwiegertochter Eva Lösche, Ehefrau von

Wolfgang und Eva Lösche mit einem Fundstück von ihrem Grundstück: einem Apothekergefäß für Salben. Heute werden in den Werkstätten Fayencen nach alten Formen und historischen Mustern gefertigt, aber auch schlichte Gefäße und neue Glasuren kreiert.

Wolfgang, hatte die Familie jahrelang für Tulpenblüten gehalten. Irgendwann erkannte man, dass es Granatapfelblüten waren. Man rekonstruierte Krüge, auf denen die Entwicklung eines Granatapfels von der Blüte zur Frucht dargestellt war und deren Rund an sechs Seiten platt gedrückt war, wie ein Granatapfel. Nichts, was Lösches heute auf die Fayencen malen lassen, ist zufällig, alles ist historisch belegt. Neben den historischen Formen werden in den Werkstätten aber auch klare, schlichte Vasen und Krüge gefertigt und neue Glasuren kreiert.

Als Ernst Lösche 2010 starb, war es keine Frage, dass sein Sohn Wolfgang und seine Tochter Dagmar Larasser mit ihren Familien die Werkstätte weiterführen. Erbe verpflichtet. Wolfgang Lösche selbst ist bei der Handwerkskammer München angestellt und leitet dort die Galerie Handwerk. Zudem ist er Marktleiter des Dießener Töpfermarktes. Seine Frau ist gelernte Textilkünstlerin und engagiert sich im Arbeitskreis Dießener Künstler. Im Pavillon am See, direkt am Dampfersteg, ist zu sehen, was der Künstlerort noch zu bieten hat – jenseits der Keramik: etwa die Broschen der Goldschmiedin Claudia Rinneberg, jede für sich eine kleine Szenerie. Die Ketten und Ringe der Goldschmiedin Magdalena Spensberger; die eisernen Schmetterlinge und Tiere ihres Vaters, des Kunstschmieds Walter Spensberger. Die Bilder von Annunciata Foresti und Martin Gensbaur, die Papierarbeiten von Marion Vorster, die Zinnfiguren der Familie Schweizer oder die eigenwilligen Holzrahmen und Figuren des Bildhauers Peter Wirsching – um nur ein paar der Künstler zu nennen.

Ganz selten denken die Lösches, was gewesen wäre, wenn damals nicht eine Keramikerfamilie das Haus bezogen und die Scherben so aufmerksam beäugt hätte. »Die Erde will, dass man hier was macht«, sagt Eva Lösche. An der Hauswand stapeln sich Obstkisten mit Tausenden Scherben, säuberlich beschriftet nach dem Fundort: »WBG 15«, »WGB 27«. WGB für Werkstattbruchgrube. »Man ist bei jeder Scherbe ehrfürchtig und findet sie interessant. Und man findet immer wieder ein Muster, bei dem man sagt: ›Oh, das haben wir noch nicht gehabt‹«, erzählt Eva Lösche. Wie einst Eva und Wolfgang Lösches Kinder bringt heute der Enkel gewissenhaft jede Scherbe: Sie wird abgespült, begutachtet und in die entsprechende Kiste gelegt. Ein Ende ist nicht in Sicht: Hinten im Garten wartet noch ein großer Berg Erde darauf, durchgesiebt zu werden. Die Erde gibt ihre Vergangenheit nur Stück für Stück preis.

Alle Muster, die Lösches auf die Fayencen malen lassen, sind historisch belegt. Die Keramikmaler zeichnen in die rohe Glasur hinein. Danach wird noch einmal gebrannt.

Nuë Ammann

Die Installationskünstlerin regt zum Nachdenken an

Nuë Ammanns Installationen sind so vielschichtig wie ihr Leben. Da ist etwa die Installation »vice versa«: *Me We* – zwei kleine neonorangefarbene Worte ragen aus aufgeklappten Büchern empor, spiegeln sich beim Näherkommen und bilden das Gegenteil ab: Aus *Me* wird *We*, aus *We* ein *Me*. Oder die Buchenstämme, die im Kreis stehen: Ein jeder trägt einen Buchstaben, die aneinandergereiht das Wort »Umkehr« bilden – und verbunden sind mit einem Seil und dem Wort Schluss. Der »Umkehrschluss« in Szene gesetzt. Oder das »Paradiesbuch«, ein lebensgroßes Pop-up-Buch, das der Besucher betritt. Papierene Pflanzen ragen aus den Seiten, ein prachtvoller Garten Eden. Auf den Äpfeln liest man Begriffe, Charaktereigenschaften des Menschen, die immer wieder Probleme machen – und manchmal auf Wege führen, die man besser nicht beschreiten sollte: »Neugier«. »Freiheit«. »Lust«. »Spieltrieb«. Da ist die lange Tafel, die im Sommer 2018 in Gräfelfing vor der Kirche St. Stefan stand: 24 Gedecke sind auf eine Tischdecke aus Lastwagenplane aufgedruckt: die Installation »Gastfreundschaft braucht ein Zuhause«. Jeden Teller ziert ein anderer Denkanstoß, etwa: »Mit wem würden Sie von einem Teller essen?« oder »Was ist ein gern gesehener Gast?« oder »Auch Pizza war mal exotisch«.

Jede Installation ist eine Kombination aus Kreativität, Blick fürs Detail, Gedanken über das Leben und Buchstaben. Jedes Element ist das Fazit aus einem der vier Berufe, die Ammann einst ausgeübt hat.

Um zu wissen, was sie werden wollte, tat Nuë Ammann nach dem Abitur 1990 ein Jahr nichts. Wirklich nichts. Ist nicht gereist, hat nicht gejobbt – war viel reiten zu Hause in Nördlingen und viel in der Natur unterwegs. Dann folgte ein Jahr Schneiderlehre bei Strenesse, der großen Modefirma am Ort. Danach das Studium Modedesign an der Hochschule für Gestaltung in Pforzheim. Weil Ammann während des Studiums merkte, dass sie sich bei ihren Entwürfen nicht reinreden lassen will und lieber »ihr eigenes Ding« macht, war schnell klar, dass ein Job in der Industrie nicht klappen würde. »So eine Einstellung ist tödlich, wenn

NUË AMMANN
Fritz-Winter-Straße 18 • 86911 Dießen • Tel.: 0172/881 11 63
www.nue-ammann.de • Öffnungszeiten: nach Vereinbarung

Nuë Ammanns Tipp:

Ein Ausflug zum Vogelturm. Vom Dampfersteg in den Dießener Seeanlagen am Ufer des Ammersees entlang gen Süden, links am Sportplatz vorbei auf den Steg ins Vogelschutzgebiet. Dort Blick und Ruhe genießen

man als Designer in der Textilbranche arbeiten will.« Also arbeitete sie als Moderedakteurin für Frauenmagazine wie *Cosmopolitan*, *Freundin* und die *Vogue*. Jettete um die Welt, besuchte die Schauen in Mailand, Paris und London, wählte traumhafte Locations, an denen sie die neue Mode in Szene setzte. Buchte Models, Fotografen und Visagisten, arbeitete mit schönen Menschen an schönen Orten, inszenierte Klamotten, die kleine Kunstwerke waren. Manchmal wusste sie nicht mehr, in welchem Land sie gerade war. »Diese Jahre«, sagt Ammann im Rückblick, »waren sehr faszinierend, sehr karrieristisch – aber auch selbstausbeutend.« Sie merkte, dass sie Freunde und Familie nur noch übers Handy organisierte, ihr Körper reagierte mit Krankheit. Zeit für einen Wechsel. Geblieben ist die Kreativität.

Im Jahr 2000 zog Nuë Ammann zurück in die Heimat und wurde die rechte Hand der Strenesse-Chefin Gabriele Strehle. Jedes Detail des Erscheinungsbilds der Firma war genau vorgegeben: welche Ware auf welchem Kleiderbügel in den Geschäften wo hing, wie die Schaufenster in welchem Zeitraum auszusehen hatten, welche Blumen in den Showrooms und

Läden standen, welche Outfits die Mitarbeiterinnen trugen. Nuë Ammanns Job war es, diese Details zu entwickeln und weiterzugeben, dafür zu sorgen, dass das Bild der Firma stimmte. »Doch irgendwann«, sagt sie, »war mir dieses ganze Bohei zuwider. Mir war völlig egal, wo der Knopf sitzt.« In ihrem Umfeld spielten Krankheit und Tod plötzlich eine Rolle und waren in ihre Welt gekommen. Nuë Ammann wollte sich aufs Wesentliche konzentrieren. Zeit für einen Wechsel. Geblieben ist der Blick fürs Detail.

Die Designerin machte eine Ausbildung zur Heilpraktikerin. Doch zur Heilpraktikerin, so erkannte Nuë Ammann im Laufe der Zeit, muss man berufen sein. »Jeden Tag acht Stunden lang kranken, leidenden Menschen zu begegnen und sich für ihre Geschichte zu öffnen, das konnte ich nicht.« Nach den Praxistagen, die zur Ausbildung gehörten, »bin ich abends rausgegangen und habe mich gefühlt, als hätte ich selbst all diese Krankheiten.« Zeit für einen Wechsel. Geblieben sind Gedanken über das Leben.

Zufällig hörte Nuë Ammann einen Vortrag an der Hochschule für Film und Fernsehen in München über das Drehbuchschreiben – und es reifte die Idee, sich bei der Drehbuchwerkstatt München um ein Stipendium zu bewerben. Sie bekam den Platz, ließ sich zur Drehbuchautorin ausbilden und gewann am Ende den Tankred-Dorst-Preis 2006 für das beste Drehbuch. »Da dachte ich, okay, ich kann schreiben – das will ich jetzt zu meinem Beruf machen.« Geboren war und geblieben ist die Liebe zum Schreiben.

Nuë Ammann übte viele Berufe aus, bevor sie ihre Berufung fand. Sie war Designerin, Moderedakteurin, persönliche Assistentin von Strenesse-Chefin Gabriele Strehle, Heilpraktikerin und Drehbuchautorin. Heute gehört ihre Leidenschaft den Installationen.

Höchste Sicherheit gefährdet
FREIZÜGIGKEIT
GEWISSENSFREIHEIT
MEINUNGSFREIHEIT
FREIHEITSPROZESS
Was, wenn
alle Wahrheit
Wahrnehmung
ist?
Die Wahrheit

Und die Erkenntnis: »Ich will mir nichts diktieren lassen – also werde ich selbstständig.« Jetzt vereint Nuë Ammann all das, was sie in den Jahren seit dem Studium gelernt hat: Erdenkt für ihre Installationen kleine Szenen ohne menschliche Darsteller: Texte und Gedanken werden mit stummen Objekten inszeniert. Sie verwendet dafür am liebsten vergängliches Material – Fundstücke von Streifzügen durch Stadt und Land: Baumrinden, Kürbisschalen, Knochensplitter, Plakatreste, Pfirsichkerne. Und immer sind Worte mit im Spiel. Viel Papier auch. »Es geht mir darum, einen Gedanken in den Raum zu stellen und eine andere Art von Begegnung zu ermöglichen. Text und Objekt ergänzen sich.« Eine Ausstellungsbesucherin schrieb mal in das Gästebuch: »›In Ihrer Ausstellung fängt man an zu denken.‹ Ein schöneres Kompliment kann man mir nicht machen«, sagt Ammann.

Doch Installationen sind vergänglich und nur Kunstwerke auf Zeit. Am Ende werden sie abgebaut, verstaut, in Einzelteile zerlegt. Damit etwas übrig bleibt, auch für Nuë Ammann, gibt es zu allen großen Arbeiten auch kleine Arbeiten: die Souvenirs. Nachklänge aus den Installationen.

Beim FünfseenFilmFestival 2018 mit dem Motto »Zeit« schwebte in der Starnberger Schlossberghalle ein Paar auf Leinwand im Raum, die Körper bedruckt mit Sätzen und Gedanken zum Thema Zeit. Davor ein weißer Metallstuhl, aus dem unzählige Fäden flossen. Die Installation »Zeitgebunden«. Das Paar gibt es nun in klein auf Leinwand. Die lange Tafel, Nuë Ammanns Antwort auf die Flüchtlingskrise, greift den Gedanken der Gastfreundschaft auf. Die daraus entstandenen Souvenirs in den kleinen, quadratischen Rahmen stellen jeweils einen Teller mit einem aufgedruckten zentralen Gedanken in den Mittelpunkt. »Ein Haus ohne Gäste? Ein Paradies, vorausgesetzt Besuch kommt vorbei.« Ein kleiner Holzvogel pickt unsichtbare Krumen.

Die Installationen sind ihre Leidenschaft, doch von Leidenschaft allein kann man nicht leben. Deshalb pendelt die Designerin zwischen mehreren Arbeitsstätten: den Redaktionen regionaler Tageszeitungen, für die sie über Kunst und Kultur berichtet; den Schaufenstern von Modeläden rund um München, die sie dekoriert; der Volkshochschule, wo sie Nähkurse gibt. Aber ihr liebster Arbeitsplatz ist ihr Atelier im Bauwagen. Ein einziger Beruf wäre ja fast schon langweilig.

Mit ihren Installationen regt die gebürtige Nördlingerin zum Nachdenken an. Jedes ihrer Werke ist eine Kombination aus Kreativität, Blick fürs Detail, Gedanken über das Leben und Buchstaben. Ihr Atelier hat sie seit kurzem in einem Bauwagen.

Café Tal des Lebens

Barbara Mehringer hört auf ihre Intuition

Es waren die Spaziergänger, die dem Café seinen Namen gaben: Als Barbara Mehringer und ihr Lebensgefährte Michael Streitberger fleißig am Renovieren waren, kamen immer wieder Ausflügler an dem kleinen Haus in der Uttinger Ortsmitte vorbei und fragten, wo es denn hier zum Tal des Lebens gehe, einem Landschaftsschutzgebiet in der Nähe. »Tal des Lebens«, fand Mehringer, »klingt schön und tiefsinnig, nach Heimat und Lebensfluss.« Der Name ist Barbara Mehringer sozusagen vor die Füße gefallen und musste nur noch aufgehoben werden, wie so vieles in ihrem Leben.

Gelernt hat die gebürtige Gräfelfingerin Rechtsanwaltsfachangestellte. Doch in zehn Jahren in diesem Beruf erlebte sie, dass »vieles nicht ehrlich war, obwohl es Recht war«. In ihr wuchs der Wunsch, etwas anzufangen, womit sie »zurück ins Leben« käme. »Da war die Sehnsucht, einen Apfel, eine Kartoffel in der Hand zu halten.« Ihre Intuition sagte ihr, ein Laden, das wäre es – schließlich hatte sie zuvor während der Babypause in einem Bioladen gejobbt. Und plötzlich sah Mehringer diese Anzeige, »Geschäft aufzugeben«. Dann fiel ihr ein Inserat auf, »Ladeneinrichtung abzugeben«. Sie brauchte es nur noch anzupacken. 1995 eröffnete sie in Aubing einen Dorfladen, mit Käse aus Raisting, Wurst von einem Miesbacher Bauern, Obst und Gemüse von Bauern aus der Region.

Dann (Mehringer hatte den Laden inzwischen vergrößert) fiel ihr die nächste Idee wieder fast vor die Füße: Für sich und ihre Angestellten kochte sie mittags in der Pfanne oder im Wok schnelle, einfache Gerichte. »Hm, das riecht so gut«, sagten ihre Kunden, »können wir nicht hier essen?« – »Und zack«, erzählt Mehringer, »hatte ich einen Imbiss.« Mehringer wurde zum Streetfestival auf dem Odeonsplatz eingeladen. Weil sie keinen Stand hatte, nahm sie ein Bauernbüfett mit, einen Tisch und ihren Wok. »Ich schnippelte mein Gemüse, die Menschen standen Schlange.« Als alles ausverkauft war, holte sie sich von den Ständen nebenan Gemüse und kochte weiter. Das war der Beginn ihres nächsten Berufs: Eine Passantin war von

CAFÉ TAL DES LEBENS
Am Dorfbrunnen 1 • 86919 Utting • Tel.: 0176/45 55 16 38
Öffnungszeiten: Mo–Fr 10–18 Uhr, So 12–17 Uhr, Samstag Ruhetag
TIPP Startpunkt: Hofstatt 6a, 86919 Utting

dem Essen so überzeugt, dass sie Mehringer überredete, ab sofort für eine Kinderkrippe in Pullach zu kochen. »Intuitiv habe ich Ja gesagt.« Zur Kinderkrippe kam der nächste Kindergarten, dann noch einer und noch einer. Heute sind es 600 Kinder, die sie zusammen mit fünf Mitarbeitern täglich bekocht. »Ich hatte noch mehr Anfragen, aber dann wäre unsere Kinderküche ja nicht mehr klein«, sagt sie. Auf dem Hof der Schwiegereltern in Aubing bauten sie den Kuhstall zur Gewerbeküche um, Mehringer absolvierte in Wien ein berufsbegleitendes Studium zur Gesundheits- und Ernährungsberaterin. Gekocht und gebacken hat sie schon immer gern. Die Rezepte, das Wissen aufgesaugt von Mutter, Schwiegermutter und Oma. Mittags saßen sie alle um einen Tisch, die vier Geschwister, die Eltern, Oma und Opa: »Es war nicht viel Geld da, aber wir haben immer das leckerste Essen bekommen.« Wenn ihre Mutter sie vom Kindergarten abholte, wurde um diese Zeit immer das Essen für die Hortkinder geliefert. »Das roch so scheußlich, jeden Tag gleich, da dachte ich mir schon als Fünfjährige, oje, die armen Kinder, die das essen müssen!«, erinnert sich Mehringer. Vielleicht, so meint sie, ist es ihr deshalb ein Anliegen, für Kinder gut zu kochen. Einfache Gerichte, nach den alten Rezepten: Spätzle, Knödel, Fleischpflanzerl. »Heute ist Kochen oft so kompliziert, die ganze Sterneküche. Aber das Einfachste ist das Beste.« Kartoffelbrei besteht halt nur aus Kartoffeln, Milch und etwas Butter. Dazu ein paar »heilende Gewürze«, damit die Kinder keine Bauchschmerzen bekommen: Fenchel, Koriander, Kurkuma, je nach Ge-

Ein Künstlercafé wollten Barbara Mehringer und ihr Lebenspartner, der Zeichner Michael Streitberger, eröffnen. In ihren Räumen treffen sich jetzt die Aussteller der Uttinger Ateliertage und Musiker, die manchmal spontan zu ihren Instrumenten greifen.

richt. »Mit Liebe gekocht« und ohne Rezept. »Die Mengen hab ich im Gefühl.«

Und dann kam das Café. Utting war schon immer ein Erholungsort für Barbara Mehringer: Ammersee bedeutet Freizeit, Ferien. Ihre Oma lebte in Raisting, Utting fühlte sich wie eine Heimat an – nur Kaffee trinken ließ es sich dort nicht. »Dann musst du es eben selber machen«, fand Barbara Mehringer, und dann fiel es ihr wieder vor die Füße: Sie sah das Schild »zu vermieten« im Schaufenster der früheren Bäckerei mitten im Dorf beim Brunnen. Natürlich ist alles selbst gebacken, der Kaffee kommt von der Unterhachinger Familienrösterei Supremo, mittags gibt es zwei kleine Gerichte, eins davon meist vegan. Oft das, was sie vormittags in der Kinderküche auch für die Kinder kocht – allerdings »kreativ verwandelt«: Die Knödel kommen dann als Spinatknödel daher, das Rindfleisch wird mit Rotwein zu einem provenzalischen Schmortopf. Und endlich hat auch die Zauber-Eismaschine eine Heimat, die bisher nur auf Kindergartenfesten oder dem Tollwood-Festival zum Einsatz kam: In die neutrale Eisbasis kann man je nach Vorliebe frisches Obst oder Schokolade reinrühren, jede Portion wird individuell zubereitet.

Auch die Künstler haben im Café ihren Treffpunkt. Die Aussteller der Uttinger Ateliertage treffen sich hier; Musiker, die manchmal spontan zu den Instrumenten greifen; eine Keramikerin verkauft ihre Waren, ein Schmied seine Pfannen. Während der Renovierung hatten Barbara Mehringer und ihr Lebenspartner, der Zeichner Michael Streitberger, ein Schild aufgehängt: »Hier entsteht ein Künstlercafé.« Das ist jetzt der inoffizielle Name.

Barbara Mehringers Tipp:
Ein Spaziergang durch das Tal des Lebens. Ausgangspunkt ist entweder das Café oder die Hofstatt 6a. Der Weg führt quasi über den Hof, links an der Garage vorbei.

Apfel-Milchrahmstrudel

Das Rezept ist von Barbara Mehringers Schwiegermutter Anneliese Streitberger – mindestens zwanzigmal haben die beiden den Strudel zusammen geübt.

Zutaten für den Teig
(ergibt zwei Strudel)
500 g Weizenmehl Typ 450
1 Prise Salz
4 EL Sonnenblumenöl
200 ml lauwarmes Wasser

Zutaten für die Füllung
2,5 kg Äpfel (am besten verschiedene Sorten, gerne auch Birnen dazu mischen)
¼ l Sahne
Zimt
Zucker
Butter
½ l Milch
Puderzucker zum Bestreuen

Zubereitung
Mehl, Salz und Öl in einer Schüssel mischen. Nach und nach das lauwarme Wasser untermischen, bis sich der Teig von der Schüssel löst. Den Teig auf der Arbeitsfläche kneten, bis er elastisch ist. Dann zu zwei Kugeln formen, dünn mit Öl bestreichen. Mit einem Tuch abdecken und mindestens zwei Stunden bei Zimmertemperatur ruhen lassen.

Danach den Teig so lange ausziehen (am besten mit dem Handrücken), bis er fast durchsichtig ist. Dann auf ein Tuch legen.

Ofen auf 180 °C vorheizen.

Äpfel waschen (nicht schälen!, so schmeckt es besser), vierteln, entkernen und in feine Spalten schneiden. Den Teig mit 1–2 EL Sahne dünn bestreichen und die Äpfel darauf schichten. Zimt und Zucker mischen und über die Äpfel streuen. Den Teig an den Rändern einschlagen und mithilfe des ausgelegten Tuches aufrollen. Mit dem zweiten Teig genauso verfahren.

Beide Strudel in eine gefettete Raine legen und mit flüssiger Butter bestreichen. Bei 180 °C etwa 15–20 Minuten auf mittlerer Schiene backen, bis der Strudel anfängt knusprig zu werden.

Die übrige Sahne zur Milch geben. Den leicht gebräunten Strudel jetzt mit etwas Sahnemilch übergießen und bei nurmehr 170 °C weitere 20 Minuten backen. Dann die restliche Sahnemilch darüber gießen und bei 160 °C so lange backen, bis die Milchmasse leicht angedickt ist.

Den Strudel kurz vor Ende der Backzeit mit Zimtzucker bestreuen. Vor dem Servieren mit Puderzucker bestreuen. Gesamte Backzeit ca. 1 Stunde.

Schokosphäre

Stefan Schneider ist der Schokolade verfallen

Wenn es um Schokolade und feine Zutaten geht, kommt Stefan Schneider ins Schwärmen. Er erzählt von Madagaskarschokolade, die 72 Stunden conchiert wird; nicht nur 36 Stunden oder gar nur dreieinhalb Stunden, wie das heute oft üblich sei. Er rühmt die sizilianischen Zitronen mit ihrem besonders fruchtigen Aroma. Er lobt das Rezept der *Tartelettes au citron*, die herzustellen so aufwändig sind, dass sich keiner zu Hause die Arbeit mache: Zitronensaft kochen, mit Eigelb und Eischnee binden, ein bisschen kritisch dieser Schritt, dabei aufpassen, dass es nicht anbrennt. Dazu das richtige Gespür, damit der Schaum perfekt fluffig wird.

Schon als Kind stand Schneider in der Backstube seiner Eltern, in der Münchner Volkartstraße, gewandet in weiße Konditorjacke und Kochhaube, die ihm ein Onkel geschenkt hatte. »Ich fand das toll, wenn man mitkriegt, wie die Sachen entstehen.« Seine Eltern hatten einen hohen Anspruch an ihre Semmeln, ihr Brot und die Kuchen. Und sie hatten einen hohen Anspruch, wenn sie essen gingen. Ab und an auch in ein Drei-Sterne-Restaurant. Stefan Schneider war zehn, als er das erste Mal die Sterneküche schmeckte – dieses Erlebnis hat er nie vergessen. Die Architektur des Tantris, das kühlmoderne Ambiente, die vielen Kellner um einen herum. Und den Spinat. Der gar kein Spinat sein konnte, seiner Kindermeinung nach, so anders schmeckte der. »Das war eine andere Dimension«, sagt Schneider. Zu runden Geburtstagen leistete sich die Familie ein Drei-Sterne-Menü, im *Aubergine*, im *Königshof*, im *Humplmayr*. »Es war immer ein Erlebnis.« Und jeden Pfennig wert.

Als der gebürtige Starnberger in der Schule an Latein scheiterte, begann er eine Konditorlehre in Planegg: »Was anderes ist mir nicht eingefallen«, aber eigentlich hätte er auch nie etwas anderes machen wollen. »Ich stand ja eh immer in der Backstube.« Als er zur Bundeswehr musste, arbeitete Schneider dort in der

SCHOKOSPHÄRE

Kirchstraße 11 • 82211 Breitbrunn am Ammersee • Tel: 0152/26 65 56 17
www.schokosphaere.de
Öffnungszeiten: Mo–Di 7.30–12 Uhr, Mi Ruhetag,
Do–Fr 7.30–12 Uhr und 14–17 Uhr, Sa 7–12 Uhr, So 8–10.30 Uhr

Wenn
Schokolade
die Antwort ist, dann ist
die Frage unwichtig.

Stefan Schneiders Tipp:

In Breitbrunn auf den Jaudesberg, der im Volksmund Königsberg heißt, weil König Ludwig II. dort ein Schloss errichten wollte. Von dort zur Europakapelle wandern und den Blick über den Ammersee genießen. Wer mag, spaziert weiter bis Hechendorf. Los geht es an der Jaudesbergstraße.

Küche der Offiziersschule, jobbte danach ein Jahr als Türsteher einer Münchner Disko, holte die Mittlere Reife nach, arbeitete als Konditor im *Café Ruffini* in München und besuchte nebenbei das Abendgymnasium. Um herauszufinden, was er wollte im Leben, ging er mit dem Motorrad auf große Fahrt an die Elfenbeinküste. Tourte vier Monate durch Westafrika und war am Ende auch nicht schlauer. Vermutlich, weil Konditor doch die richtige Wahl war.

Es folgten neun Monate in einer Patisserie in Paris, danach eine Saison im südfranzösischen Juan les Pins bei Antibes. »Da habe ich mich zu Hause gefühlt, ich weiß nicht, warum.« Schneider lernte Brioches backen, Croissants und Tartelettes. Arbeitete danach in verschiedenen Konditoreien, machte seinen Meister – und fand dann zuerst die Frau und dann den Job fürs Leben. Zumindest für eine lange Zeit: 18 Jahre Produktentwicklung bei Kraft-Jacob-Suchard, Abteilung Schokolade. »Das war wie ein Sechser im Lotto.« Dort erfand Schneider den Milka Montelino, die Toblerone Praline, die Milka Luflée Joghurt. Ein Traumjob. Nette junge Leute aus 36 Ländern der Welt, Reisen zu den Produktionsstätten in Schweden, Polen, der Ukraine. Bis Kraft Foods 2010 den britischen Schokoladenhersteller Cadbury kaufte und die Abteilung Produktentwicklung nach England verlegte. Schneider hatte die Wahl: mitgehen? Ins Werk nach Lörrach (wo Milka produzierte)? Oder in München bleiben – und in die Käseabteilung wechseln? Stefan Schneider, inzwischen Ende 40, entschied sich für die Abfindung. Und dafür, sich mit Schokolade selbstständig zu machen.

Und wie es geht im Leben: Die Wochenenden verbrachte die Familie seit Jahren auf dem Campingplatz in Buch am Ammersee und weil man sich kennt unter Bäckersfamilien, erfuhr er, dass die Bäckerei in Breitbrunn zu übernehmen war. Von heute auf morgen, aus einem geplanten Aufenthalt beim Star-Chocolatier Dominique Persoone in Belgien wurde nichts. Im Juli 2012 eröffnete Schneider seine SchokoSphäre. »Gell, Brot machst fei schon«, hatten die Breitbrunner gewünscht, als Schneider den Laden renovierte. Also gibt es weiterhin Brot, Kuchen, Croissants, das Café – und Pralinen. Rumtrüffel, Amarenakirschen in Nougat, Whiskeytrüffel, Himbeergeisttrüffel, Orangenmarzipan, Dunkelbierpralinen. Sahnenougat mit Walnüssen, Rum, Weinbrand – viele Rezepte hat ihm ein Münchner Chocolatier vermacht, als er in Rente ging. Die dunkle Madagaskarschokolade zergeht auf der Zunge. »Hier schmeckt alles außergewöhnlich gut«, sagt Schneider selbstbewusst. »Das liegt an den feinsten, besten Zutaten und weil alles mit Liebe gemacht ist, mit Inbrunst und Hingabe.« Schneider und sein Mitarbeiter fertigen kleine Mengen, jede Charge ist spätestens nach einer Woche ausverkauft. Und so soll es auch sein, denn drei Wochen lang schmecken Pralinen am besten, dann lässt der Geschmack nach. »Das liegt an der Basis aus Sahne«, erklärt Schneider, »die wasserhaltig ist. Supermarkt-Schokolade ist auf Fettbasis hergestellt und hält deshalb länger.«

Mit der SchokoSphäre, sagt Schneider, habe er sich einen Traum erfüllt. Auch wenn er jetzt doppelt so viel Arbeit und nur halb so viel Geld habe wie vorher. »Alles ist stimmig. Ich will nicht tauschen. Und die Leute sind total glücklich, dass es den Laden gibt.« Es ist fast wie in Italien: Stammkunden kommen zum Frühstück, manche zwei-, dreimal am Tag. Seine Pralinen sind ein beliebtes Geschenk: »Es hat sich rumgesprochen, wie gut die sind.«

Schokolade kann er nach all den Jahren immer noch sehen – und darüber reden. »Schokolade«, sagt er, »ist ein total spannendes Thema. Wie Wein.« Aber man müsse sich noch mehr reinarbeiten. Denn die Feinheiten seien noch wichtiger. Das Conchieren – siehe oben. Wie viele Pralinen er so nascht am Tag? Zehn bestimmt. Ein Traumjob.

Rumtrüffel, Amarenakirschen in Nougat, Himbeergeisttrüffel, Orangenmarzipan: Stefan Schneider fertigt nur kleine Mengen, jede Charge ist nach etwa einer Woche ausverkauft.

Orangenmarzipanpraline

Eines der einfacheren Rezepte aus Schneiders Fundus

Zutaten für etwa 20 Stück

150 g Marzipanrohmasse
1 Stück kandierte Orangenscheibe feinst gehackt
10 g zerstoßener Krokant
5 g Butter
3 Tropfen Orangenöl
2 TL Orangenlikör
400 g dunkle Kuvertüre

Zubereitung

Alle Zutaten miteinander vermengen, die Masse zu fingerdicken Rollen formen und in 3 cm breite Stücke schneiden.

Dann die Kuvertüre schmelzen: Dazu die gesamten 400 g in kleine Stücke hacken, 300 g davon auf knappe 40 °C im Wasserbad erwärmen (dabei darf unter gar keinen Umständen Feuchtigkeit in die Masse gelangen, sonst wird die Schokolade zäh und man kann damit keine Pralinen mehr überziehen). Dann die übrigen 100 g in der verflüssigten Kuvertüre auflösen.

Jetzt die Pralinen mit der Kuvertüre überziehen. Das geht am besten mit einer Pralinengabel. Mit dieser werden die Pralinen durch die geschmolzene Schokolade gezogen.

Wer es perfekt machen möchte: Vorgang des Temperierens (Vorkristallisierens) googeln oder einen Pralinenkurs besuchen.

CHOCOLAT MENIER
MENIER

Katharina Haebler

Die Bildhauerin mag das Dreidimensionale

Manchmal prägt die Wahl der Schule den weiteren Lebensweg: Als Katharina Haebler nach der fünften Klasse auf die Freie Waldorfschule Landsberg wechselte, standen plötzlich Fächer wie Theaterspielen, Plastizieren, Schreinern und Kupfertreiben auf dem Stundenplan. »Das war wie ein Befreiungsschlag«, sagt die gebürtige Münchnerin. In der zwölften Klasse sah der Lehrplan ein mehrwöchiges Steinmetz-Praktikum in Italien vor. Und als Katharina Haebler dort eine abstrakte Figur aus dem Carrara-Marmor schlug, konnte sie sich vorstellen, so etwas ihr Leben lang zu machen. »Da habe ich gemerkt, dass ich einen schnellen Zugang dazu habe.« Einen Stein betrachten, eine Form in ihm sehen und diese freilegen. Aber manchmal dauert es eine Weile, bis aus einer Idee eine Tatsache wird. Vor allem wenn man jung ist und nicht so recht weiß, wie man die Sache anpacken soll. Weil die Familie sich zwar für Kunst interessiert, viel in Museen und ins Theater geht, aber noch niemand die Leidenschaft zum Beruf gemacht hat. Katharina Haebler jobbte nach dem Schulabschluss im Kaufhaus, machte Praktika bei Stein- und Holzbildhauern, bereiste Neuseeland und Thailand, bevor sie sich im Jahr 2004 schließlich an der Schule für Holzbildhauer in Garmisch bewarb und einen der fünf Plätze bekam, die jedes Jahr vergeben werden. Sie mochte es, Büsten aus dem Holz zu hauen, mit dem Messer kleine Figuren zu schnitzen, sogenannte Messerschnittfiguren, und dabei immer darauf zu achten, dass die Proportionen stimmen.

»Aber auf Dauer war mir das zu eng. Ich wollte mehr lernen und etwas anderes machen, das mich befreit.« So ging Katharina Haebler nach der Ausbildung in Garmisch an die Akademie der Bildenden Künste in München und wählte den Studiengang *Freie Kunst*. Sie wollte weg vom Holz, so einfach wie möglich sollten das Material und die Umsetzung sein. »Ich wollte nichts weggeben, nichts bei irgendjemandem produzieren lassen, sondern den ganzen Prozess so gestalten, dass ich alles selbst

KATHARINA HAEBLER

Strittholzstraße 37 • 82211 Herrsching • Tel.: 0176/70566261
katharinahaebler.com • Öffnungszeiten: nach Vereinbarung
TIPP Kiosk *Bayrische Brandung*, Summerstraße, 82211 Herrsching

machen konnte.« Sie experimentierte fortan mit Papier, Garn und Fotografie. Das Papier, das seine Form ändert, faszinierte sie: flach und zweidimensional zunächst, doch dreidimensional, sobald man es faltet. Kleine Papierobjekte entstanden. »Papier ist ein schnelles Material und sehr vielseitig.« Für ihre Diplomarbeit webte und knotete Haebler Tausende Meter schwarzes Papiergarn zu langen Bahnen. Ließ durch die Fäden und Knoten neue Flächen und Überlagerungen entstehen. Die Bahnen hängte sie in einen Raum, andere Perspektiven taten sich auf: »Ich wollte sehen, wie sich der Raum dadurch neu gestaltet.« Ein Architekturprofessor war davon so angetan, dass er Haebler einlud einen Gastvortrag zum Thema Raum vor seinen Studenten zu halten.

Schwarz-weiß war alles, was Katharina Haebler während ihrer Studienjahre schuf. Warum, kann sie nicht sagen: »Es war ein Gefühl, ich mag schwarz-weiß.« Schwarz-weiß ist reduziert und abstrakt. Farbig und konkret dagegen war, was die Bildhauerin nebenbei zu Hause gestaltete und womit sie ihr Studium finanzierte. In der Küche stand ihre Hobelbank, dort schnitzte sie aus Lindenholz kleine Figuren, die auf Stelen thronen: Engel mit Flügeln aus Ahorn-Nasenzwickern; eine Familie in Badekluft; eine Frau, die Arme vor der Brust gekreuzt; ein Mann, sich vornüber neigend, als suche er etwas. Bemalt mit Acrylfarben, manchmal auch mit Buntstift oder Wasserfarbe.

Die kleinen Mitbewohner zeigte sie auf Märkten, Ateliertagen und Ausstellungen, meist in der Oberpfalz, da lebt ihr Schwiegervater, der

Um ihr Studium zu finanzieren, begann Katharina Haebler kleine Figuren aus Lindenholz zu schnitzen: Engel mit Flügeln aus Ahorn-Nasenzwickern, Menschen und Tiere. Die kleinen Mitbewohner zeigte sie auf Märkten – sie fanden schnell ein neues Zuhause.

Objektkünstler Hubert Baumann. Danach zogen die meisten der 14 Zentimeter hohen Männer, Frauen, Engel in eine andere Wohnung ein: »Auf die kleinen Figuren springen die Leute an, die kann sich jeder irgendwo hinstellen.« Und sie selbst musste zur Hobelbank im vierten Stock keine dicken Bretter schleppen. Nur einmal brauchte sie ein großes Stück Holz: Als sie für die evangelische Lorenzkirche in Nürnberg eine Orgelfigur schnitzen durfte – den Meistersinger Hans Sachs, der sich dann dem Publikum zeigt, wenn der Organist eine bestimmte Melodie spielt.

Auch heute noch sind die kleinen Holzwesen Teil von Haeblers Arbeitsalltag. Leute, die schon eine Figur besitzen, ordern eine zweite. Eltern schicken Fotos ihrer Kinder und wollen den Nachwuchs in Holz gebannt haben. »In der kleinen Figur kann ich zwar kein Porträt schnitzen, aber ich kann die Person durch Haltung, Kleidung oder Attribute wiedergeben.« Über der Hobelbank schweben vier Engel in der Luft, im Kleid, in Shorts und T-Shirt. Auf Fenstersims und Regal stehen ein Faun mit weißen Schuhen, ein Pierrot, die Arme auf dem Rücken gekreuzt, ein kleiner, fetter Dompfaff: »An der Akademie dachte ich, ich muss vom Holzbildhauen wegkommen, aber das stimmt nicht.« Das Bildhauen, sagt Haebler, erde sie. »Es ist eine sehr befriedigende Arbeit: Alles, was ich mache, sehe ich am Ende. Es ist etwas Konkretes da.« Ihre Figuren hat sie im Kopf, vorgezeichnet wird nichts. Seit Kurzem fertigt sie auch Gutscheine aus Holz – weil es schneller geht, als einen zu schreiben oder zu zeichnen. »Und etwas Besonderes ist es auch«, sagt Haebler. Ein kleiner Ballon – Gutschein für eine Ballonfahrt. Ein Apfel, durch den sich ein Pfeil bohrt: Theaterkarten für Wilhelm Tell. Es könnte eine neue Geschäftsidee sein.

Katharina Haeblers Tipp:

An der Seepromenade in Herrsching am Kiosk *Bayrische Brandung* einkehren, dann von Herrsching nach Breitbrunn laufen. Ab der Riederstraße führt der Weg am See entlang durch ein Naturschutzgebiet (Parkmöglichkeit gegenüber der Bushaltestelle Schloss Ried, Riederstraße).

Alexandra von Schönberg

Die Buchbinderin vereint Job und Erbe

Das Leben von Alexandra von Schönberg folgt keinem Businessplan. Und doch fügte sich im Laufe der Jahre eins zum anderen, so als wäre es von langer Hand geplant.

Im Jahr 1900 bekamen Alexandra von Schönbergs Urgroßeltern das Gut Hartschimmel von den Brauteltern zur Hochzeit geschenkt. Es war noch einige Zeit verpachtet – erst 1917 ließ Urgroßmutter Martha auf dem Grundstück unter Eichenbäumen ein Holzhäuschen errichten, das als Sommerfrische diente. Keine 35 Quadratmeter (samt Terrasse) misst die Bleibe. Zehn Jahre später ließ die Familie auf dem Grundstück eine Villa erbauen und zog für immer auf das Gut nahe dem Ammersee. Während des Zweiten Weltkrieges bot es Schutz für die ganze Familie – fünf Kinder und deren Nachkommen. Alexandra von Schönberg, geboren 1965, verbrachte ihre ersten drei Lebensjahre hier. Dann trennten sich die Eltern, sie ging mit der Mutter zuerst in den Schwarzwald, später nach Düsseldorf. Die Ferien aber verbrachte Alexandra immer auf dem Gut. Las sich durch die ledergebundenen Bücher, ging an den Aquarellen der Urgroßeltern vorbei, die am Treppenaufgang hingen – Malen war damals ein weit verbreitetes Hobby. Und die Kunst in der Familie immer präsent: Der Erfinder der Schrift Futura, Paul Renner, war Alexandra von Schönbergs Urgroßvater; der Münchner Kunstprofessor Max Haushofer, der die Künstlerkolonie der Chiemseemaler gründete, ihr Ururgroßvater.

Und auch Alexandra von Schönberg sollte sich der Kunst widmen: Nach dem Abitur sollte sie je ein halbes Jahr in London und Paris leben, um die jeweilige Landessprache zu lernen, und dann Kunstgeschichte oder Architektur studieren. Das war der Plan. Auf einer Party in London aber erzählte ihr eine junge Frau so begeistert

GUT HARTSCHIMMEL

82396 Pähl • Tel.: 08808/740 • www.papierundstoffe.de • www.guthartschimmel.de
Bestellungen per WhatsApp: Tel: 0171/381 18 93
Öffnungszeiten: Do 9–12 Uhr, Fr 11–18 Uhr, Sa 11–14 Uhr und nach Vereinbarung
TIPP Restaurant *AmmerWinkl*, Herrschinger Str. 1, 82396 Pähl

von ihrer Ausbildung zur Papierkonservatorin, dass sich die gebürtige Starnbergerin heimlich an der Schule bewarb – und prompt einen der zwei Plätze bekam, die für Ausländer bereitgehalten wurden. Danach absolvierte sie eine Buchbinderlehre in München: Ihr Vater, besorgt ob der Zukunft der Tochter, hatte in der Staatsbibliothek gefragt, welchen Job es für Papierkonservatoren gebe. Da hieß es: keinen. Sie brauche eine Buchbinderlehre. Kurzfristig fand Alexandra von Schönberg eine Stelle bei der Buchbinderei Schiedeck in München, einem Familienbetrieb. Nach der Lehre stand Paris auf dem Plan, dort arbeitete sie ein Jahr in einer alteingesessenen Buchbinderei – bis sie von einer Buchbinderei in Weilheim hörte, die zu übernehmen war. Das war 1992. Gerade 27 Jahre alt packte sie ihre Koffer und zog vom lebhaften Paris ins beschauliche Pähl, auf den Hof der Familie. Sie führte die Buchbinderei in Weilheim ein halbes Jahr und verlegte diese dann auf den Hartschimmelhof. Aus Angst vor Einsamkeit ließ sie sich zur Erzieherin ausbilden: »Ich bastle gerne und ich mag Kinder.« Ganz einfach. Am Vormittag genoss sie den Trubel im Kindergarten und am Nachmittag beim Buchbinden die Stille auf dem Gut. »Das war eine super Kombi, und die einzige Lösung, um hierzubleiben und nicht zu vereinsamen.« Sie heiratete, bekam drei Kinder, band Bücher auf Bestellung. Neben Gemeinden und Anwaltskanzleien, die regelmäßig Lose-Blatt-Sammlungen zum Binden gaben, waren bald auch ihre Freundinnen ihre Kunden: Sie wünschten Gästebücher, Fotoalben, Hochzeitsalben. Und fragten beim Abholen, ob sie nicht noch eine Karte dahabe oder Geschenkpapier. Sagten, sie bräuchten noch ein Geschenk für die Cousine, die Mutter, die Freundin. So richtete die Buchbinderin in ihrer Werkstatt ein kleines Regal mit Alben, Gästebüchern und Schachteln ein. »Bald zog das immer größere Kreise«, erzählt Alexandra von Schönberg. Die Zeitschrift *Deko* fragte Ende der 90er-Jahre an, ob sie nicht für eine Titelgeschichte Schachteln mit Stoff beziehen könne. Fortan wollten ihre Kunden nicht nur Schachteln und Alben kaufen, sondern sie wollten lernen, wie man diese herstellt. Also gab Alexandra von Schönberg Kurse im Buchbinden und Schachtelnbauen. »Ich dachte, so viele werden da nicht kommen, ich bin ja in der Einöde. Aber ich wurde überrannt.«

A. von Schönbergs Tipp:
Im *AmmerWinkl* in Fischen zu Abend essen

Kurse, Kästchen, Kunstpostkarten – immer mehr Leute fanden den Weg in ihre Werkstatt, die nahtlos in das Wohnhaus übergeht, und blickten beim Schachtelnmachen oder -kaufen in die Küche zu den Kindern. Es war an der Zeit, Leidenschaft und Leben zu trennen. Ihr Mann, ein Architekt und Stoffgroßhändler, wollte seiner Frau einen schicken Laden in Starnberg einrichten. Aber die Gattin war dagegen: Mit kleinen Kindern? Regelmäßig 20 Kilometer nach Starnberg fahren? »Weiter als bis zum Schuppen da drüben gehe ich nicht«, sagte die Guts-

»Ich bin kein geduldiger Mensch«, sagt Alexandra von Schönberg. Deshalb fertigt die gelernte Buchbinderin so gerne Schachteln, die sie mit Stoff bezieht: »Weil man so schnell ein Ergebnis sieht.« Auch die Klemmbretter überzieht sie mit Stoff.

herrin. So wurde im Jahr 2001 der Schuppen gegenüber zu einem Laden umgebaut, übergroße Scherenschnitte zieren den Eingang. Karten und Schachteln stapeln sich in Regalen, stoffbezogene Klemmbretter und Mappen. Jedes Stück ein Unikat. 25 Arbeitsschritte braucht es für eine normale Schachtel, bis zu 30 für ein Schmuckkästchen oder eine Kleenexbox. »Ich bin kein geduldiger Mensch, deshalb liebe ich meinen Job: Weil man schnell ein Ergebnis sieht.« Es fasziniert sie, wie aus einer flachen Pappe nach zwei Stunden ein fertiges, dekoratives Stück geworden ist, »das ewig hält«. Selbst Stoffe, die auf der großen Rolle arg blumig aussehen, sind im kleinen Schachtelformat ein Schmuckstück. »Verarbeitet gibt es keinen hässlichen Stoff«, findet Alexandra von Schönberg. Bestellungen kommen aus ganz Deutschland, auch aus den USA. Im Laden sind ein paar Fächer reserviert für Mäppchen und Necessaires, genäht von Constance von Hirschberg, einer Freundin aus Marnbach bei Weilheim. Im Sortiment außerdem besonders hübsche Papierwaren, »nur Dinge, die ich selbst auch kaufen würde«. Bezogen aus den USA, Belgien, Frankreich, Prag, Venedig. Die Buchbinderin fertigt nach wie vor auf Bestellung Gästebücher, Manschettenknöpfeboxen, Jagd- und Tagebücher und sie restauriert alte Bücher. Die Sachen, die sie für den Laden kreiert, sind die »Leckerlis«.

Wer das Besondere sucht, bekommt es hier. Nicht nur im Laden. Auch auf dem Grundstück: Das kleine Holzhäuschen der Urgroßeltern beherbergt heute wieder Gäste: Es ist zu mieten, inklusive Kachelofen und dem »winzigsten Bad Deutschlands«, wie Alexandra von Schönberg sagt. Der Blick wandert in die Ferne, hinüber zu den Eseln auf der Weide, zu den Ziegen auf der Wiese. Der ehemalige Hühnerstall wurde zu einem Partyraum ausgebaut – buchbar für Hochzeiten, Geburtstage, Sommerfeste. Unter den Apfelbäumen steht ein Tanzboden, eine Feuerstelle ist eingerichtet, ein rotes Holzhaus daneben. Werbefilme und Episoden für Serien wurden auf dem Gut bereits gedreht.

Seit 1984 werden Galloway-Rinder gezüchtet, deren Fleisch gibt es nur in der Pöckinger Metzgerei Lutz. Seit fünf Generationen sind Landwirtschaft, Wiesen und Felder nun in Familienbesitz. Alexandra von Schönberg sagt, sie habe inzwischen sechs Berufe: Mutter und Location-Managerin, Buchbinderin und Hausfrau, Gutsverwalterin und Schachtelbauerin. Es hat sich so ergeben: Sie kam mit Leuten ins Gespräch, schnappte Ideen, Anregungen auf und was immer passte, setzte sie um. »Das läuft sehr intuitiv.« Sie ist überzeugt, »in meinem Leben passiert nichts zufällig«. Man muss nur erkennen, was man daraus machen kann. Dazu braucht es keinen Businessplan.

In ihrer Werkstatt, die nahtlos in das Wohnhaus übergeht, fertigte die Buchbinderin anfangs nur auf Bestellung. Inzwischen hat sie auch einen kleinen Laden eingerichtet.

Iris von Huene

Die Bildhauerin mag die schlichten Formen

Manchmal liegt die Antwort auf eine Frage so nah, dass man sie zunächst übersieht. Iris von Huene überlegte nach dem Abitur lange, was sie nun anfangen solle: Es ist dann die Bildhauerei geworden – ein Beruf, der in der Familie so präsent war, dass sie zuerst gar nicht daran dachte. Der Vater war bereits auf der Schnitzschule gewesen; die Großtante war Schnitzerin in Oberammergau, mit ihren Holztieren und Rohlingen ist Iris von Huene aufgewachsen, sie waren das Spielzeug ihrer Kindheit. Aber Iris von Huene geht einen völlig eigenen Weg.

Schon während der Aufnahmeprüfung an der Bildhauerschule in Garmisch-Partenkirchen wusste von Huene: »Das ist genau meins. Ich hatte eine totale innere Überzeugung.« Nie haderte sie mit ihrer Berufswahl. Nach den drei Lehrjahren bildete sie sich ein Jahr lang in Wien als Steinbildhauerin weiter und zog mit dem ersten Auftrag für eine Grabskulptur zurück nach Oberbayern: »Das war sehr bewegend: Ich war gerade 25 und fertigte einen Grabstein für jemanden, der genauso alt war wie ich. Auf einmal musste ich mich mit Tod und Sterben auseinandersetzen.«

Der Stein als Material faszinierte sie, doch er war nicht ihr Material. Sie lebt für das Holz, die dicken Baumstämme ab 70 Zentimeter Durchmesser. »Ich habe einen regelrechten Stammscanner in meinen Augen«, erzählt sie. »Wenn ich mit Freunden eine Landstraße entlang fahre, rufe ich ›Stopp, da war ein Stamm‹.« Manchmal weit hinten auf einem Waldweg. Die großen Stämme braucht sie für ihre Arbeit, das hat sich rumgesprochen in der Region. Privatleute und Baumarbeiter rufen sie an, wenn sie irgendwo einen übrig haben. Gefällt, weil sie krank waren, Neuem im Weg standen oder weil ein Sturm sie umgelegt hat.

Mit ihren Skulpturen baut Iris von Huene Brücken zwischen Natur und künstlerischem Schaffen: »Meine Sprache ist die dreidimensionale Skulptur«, sagt die Bildhauerin. Sie macht,

IRIS VON HUENE

Seestraße 22 • 82396 Aidenried • Tel.: 0157/53 30 43 57
www.irisvonhuene.de • Öffnungszeiten: nach Vereinbarung
TIPP Atelier von Andrea Kreipe, Leiten 7, 82389 Böbing, Tel.: 0172/592 89 55
nach Vereinbarung

Iris von Huenes Tipp:

Ein Besuch bei der Böbinger Bildhauerin Andrea Kreipe. Sie hat das schönste Atelier, das von Huene kennt. Von dort auf den Schnalzgipfel spazieren.

was ihr gefällt. Verbiegen, um zu gefallen, will sie sich nicht: »Ich will ehrliche Arbeiten machen, bei denen ich das Gefühl habe, dass genau das mein Anliegen ist.«

So geradlinig ihr künstlerischer Weg, so kunterbunt ihr privater: Sie jobbte in der Autowerkstatt genauso wie in der Zinngießerei. Sie arbeitete elf Jahre als Reise- und Freizeitbetreuerin für geistig behinderte Erwachsene und gab Schnitzkurse für Kinder. Sie lebte in Raisting, in Wartaweil oder in Aidenried – und immer gab es ein Atelier in der Nähe. Dort fertigt Iris von Huene nicht nur ihre Skulpturen, sondern auch Zeichnungen. Oft von ihren Werken selbst, manchmal im Format 1:1, manchmal winzig klein, auf Zigarettenpapier, sodass sie gerade in eine Streichholzschachtel passen.

Die Formen ihrer Skulpturen sind schlicht, eine Kugel, ein Boot, eine Schale. Als »schön unverkopft«, erzählt sie, loben Betrachter ihre Arbeiten: »Bei diesen einfachen Formen fallen die Berührungsängste weg. Eine Schale ist eine Schale. Ein Ei ist ein Ei. Das finde ich sehr wertvoll. Was bringt Kunst, wenn sich die Leute nicht hintrauen?«, fragt von Huene. »Ich habe das Gefühl, dass ich mit meinen großen Skulpturen einen Nerv der Zeit treffe. Die Leute haben ein Bedürfnis nach Natur und Ursprünglichkeit, nicht nach Hochglanz.«

Ihr Werkzeug ist die Kettensäge, das merkte sie schon während der Ausbildung. »Wenn ich in dieser Größenordnung arbeiten will, ist die Kettensäge einfach ein praktisches Gerät. Ein Mittel zum Zweck.« Die Säge legt das »Ursprüngliche des Stammes« frei, das Holz darf weiter arbeiten, Risse dürfen entstehen. Manche ihrer Objekte lässt sie roh, andere verkohlt sie mit einem großen Bunsenbrenner, wieder andere werden farbig. Sie schleift nicht, sie verleimt nicht: »Dann wäre dem Holz ja viel von seiner Kraft genommen.« Die Natur wäre gezähmt.

Aber manchmal zähmt sie doch: In ihrem *Archiv der flüchtigen Dinge*. Weil sie die Sammlungen von Naturkundemuseen liebt, packt Iris von Huene selbst das ein oder andere unter einen Glassturz. Vor allem eine Sammlung Winde. Regionalwinde wie den Fön oder Passatwind. Stadtwinde, die durch Gassen pfeifen, aus Florenz, Rom oder Montevideo. Und vor allem Fahrtwinde, von ihr selbst oder anderen in verschiedenen Ländern eingefangen. Säuberlich mit der Schreibmaschine beschriftet – akribisch wie in einer Naturkundesammlung. Das Leichte liegt ihr auch.

Iris von Huenes Skulpturen sind schlicht: eine Schale, ein Ei. »Bei einfachen Formen fallen die Berührungsängste weg«, sagt sie. Manche ihrer Objekte lässt sie roh, andere werden farbig. Das Holz soll möglichst viel von seiner Kraft behalten.

Mattias Bischoff

Der Steinmetz gab den Steinen Licht und Worte

Leuchten faszinieren Mattias Bischoff seit jeher – aber es sollte einige Jahre dauern, bis sie sein Broterwerb wurden. Schließlich hatte es auch einige Jahre gedauert, bis Bischoff den richtigen Beruf für sich fand: Nach der Mittleren Reife begann der gebürtige Heidelberger eine Kochlehre, dann jobbte er auf dem Bau und in der Landwirtschaft, meist in der Schweiz, da war der Lohn gut. Später arbeitete er bei einem Musikversand nahe seiner Heimatstadt Heidelberg. Bischoff war Mitte 20, als er der Sekretärin dort erzählte: »Steinmetz, das wär's.« Er stellte sich vor: »Der Beruf muss klasse sein.« Nicht, dass es in der Familie eine besondere Affinität dazu gegeben hätte, aber Bischoff ist aufgewachsen in Neckargemünd, und in seiner Kindheit und Jugend, so erzählt er, gab es in dieser Gegend um die 700 Steinmetze. Die Landschaft entlang des Neckars ist durchzogen von roten Felsen und Steinbrüchen, viele Häuser sind aus Natur- oder Buntsandstein gebaut.

Und manchmal ist es so mit Träumen: Man muss nur über sie reden und schon werden sie ein Stück greifbarer. Die Sekretärin kannte einen Steinmetz, vereinbarte einen Termin und Bischoff hatte eine Lehrstelle. Jahrelang restaurierte er Altbauten, gestaltete Ladenfassaden aus Buntsandstein und Fensterumrandungen, sogenannte Gewände. Und legte sich eine eigene kleine Werkstatt zu, in der er nebenbei für Freunde und Bekannte kleine Aufträge erledigte: mal eine Schale, mal einen Grabstein, mal ein Relief.

Wegen einer Frau kam der Baden-Württemberger 1995 nach Bayern, erst Wolfratshausen, dann Tutzing, er arbeitete bei einem großen Münchner Steinmetz in der Grabmal-Abteilung. Wenn er frei hatte, ging er in seine kleine Werkstatt, die er inzwischen in einem Bauwagen untergebracht hatte. Irgendwann, das neue Jahrtausend war gerade angebrochen, machte der Rücken nicht mehr mit – das schwere Heben.

Bischoff tauschte die Werkbank gegen die Schulbank und machte eine Ausbildung zum Logopäden: weil Sprache und Gehör in seinem Umfeld nicht jedem gegeben waren. Er kannte Sprachlose und Stotternde. Sieben Jahre arbei-

MATTIAS BISCHOFF
Mühlenstraße 9 • 82407 Wilzhofen • Tel.: 0171/650 06 84
www.mattias-bischoff.de • Öffnungszeiten: nach Vereinbarung

tete er an der Gehörlosenschule in München und in der Frühförderung, dann wandte er sich wieder den Steinen zu.

In diesen Jahren war es, dass es ihm einfiel die Steine zu spalten und ihnen Licht zu geben. Die Lampen bei ihm zu Hause waren immer schon etwas ausgefallen: Das Bad wurde von einer großen Tonröhre beleuchtet, wie man sie für Regenwasserableitungen verwendet. Im Schlaf- und Wohnraum stehen mehrere Petroleumlampen.

Bischoff feilte an der Technik und am Aussehen seiner Steinlampen. Als ihm ein Freund einen Rest Blattgold gab, experimentierte er mit Gold, Licht und Stein. »Die Leuchten wurden immer ausgefeilter, besser und schöner.« Die Schwere des Steins, der lichte Schwebezustand. Die Strukturen, die oft erst sichtbar werden, wenn der Stein poliert ist.

Wenn der Steinmetz unterwegs ist, betrachtet er ständig das Gestein, klar: Welche Arten von Steinen prägen die Landschaft? Die schönsten Steine, findet Bischoff, gibt es in den französischen Pyrenäen: Die bunte Brekzie, ein Kalkstein, der leicht zu polieren ist. Den kauft er am liebsten direkt vor Ort bei einem Steinhändler. Im Vinschgau bauen sie unter Tage einen strahlend weißen Marmor ab, den er gern verwendet; der schwarze Kalkstein, der *belge bleu*, kommt aus einem belgischen Steinbruch, schwarzer Basalt aus einem Steinbruch im Burgenland. »Die Menschen finden schwarze Steine am faszinierendsten.« Aus schwarzem Schiefer fertigte er für die Praxisräume einer Ärztin einen Lichtkasten, in die Mitte schnitt er eine Welle, die von hinten beleuchtet wird. Nachdem Mattias Bischoff den Steinen Licht gegeben hatte, gab er ihnen auch Worte. Aus der Welle im Lichtkasten wurden Buchstaben. »No system« leuchtet golden aus einem Kasten, »don't think« aus einem anderen.

Seine Leuchten fertigt Bischoff nicht mehr im Bauwagen, inzwischen hat er seine Werkstatt auf dem Grundstück des Hofs am Mühlbach, Heimat der zwei Musiker Helge Voit und Anne Isenberg. Auf dem Hof veranstalten sie immer wieder Konzerte und Ausstellungen, den ehemaligen Kuh- und Kälberstall kann man für Feste und Veranstaltungen mieten.

Auch Bischoff stellt hier aus, etwa zusammen mit der Tutzinger Malerin Sigrid Wever und einem Deixelfurther Konzeptkünstler. Seine Werke zeigt er nur an ausgewählten Orten. Es muss etwas Besonderes sein: eine einzigartige Atmosphäre und die Künstler handverlesen. Wie bei der Design- und Handwerksausstellung im Eisernen Haus in Schloss Nymphenburg oder auf dem Schwabinger Weihnachtsmarkt. Die Biennalen für Interieur in Mailand oder Belgien bekamen Absagen. »Das interessiert mich alles nicht.« Eine klare Haltung. Da ist einer mit sich und den Steinen im Reinen.

Mattias Bischoffs Tipp:
Ein Spaziergang in den Hügeln hinter der Hirschbergalm in Pähl. Dort den Spazierpfaden folgen

Lampen haben Mattias Bischoff schon immer fasziniert. Steine auch. So begann der Steinmetz Steine zu spalten und ihnen Licht zu geben: dem weißen Marmor, der bunten Brekzie, dem schwarzen Kalkstein. Mit der Zeit wurden die Lampen immer ausgefallener.

Pilsensee, Weßlinger See, Wörthsee

Nele Spari

Die Goldschmiedin arbeitet die Natur in ihre Werke ein

Der Weg ins Wunderland hat 18 Stufen und führt hinunter in das Gewölbe des Seefelder Schlosses. Kühl ist es dort und es riecht ein wenig feucht. Kleine Zimmer reihen sich wie Schatzkammern aneinander: jedes birgt eine andere Überraschung. Da ist der Frisiersalon mit 50er-Jahre pastellrosa Trockenhauben, auf dessen Spiegeltischchen einzelne Schalen und Schmuckstücke liegen. Da ist der Raum mit der perlmuttfarbenen Muschel-Spieluhr und der Schale mit den sich küssenden Schnecken. Die Nische mit den Wanderstöcken, die von Wünschen und Europa erzählen. Das Aquarium, in dem ein blau schimmernder Anhänger in einer Muschel ruht.

Das Wunderland ist der Ausstellungsraum der Goldschmiedin Nele Spari, untergebracht im Torbogen von Schloss Seefeld. Mehrere Künstler haben im Schloss ihre Heimat gefunden, Schreiner, Metallarbeiter, Maler. Nele Spari ist am längsten hier, seit 1997. Der Zufall wollte es, dass sie nach einer Werkstätte suchte und das gerade leer stehende Atelier nach einer Goldschmiedin. Im Erdgeschoss des Torbogens zeigt sie ihre Ketten, Colliers, Messer und Gürtel. Die Kunstwerke sind ebenfalls kleine Wunderwelten: Nichts ist, wie es auf den ersten Blick scheint. Der Kettenanhänger kein hellbraun gesprenkelter Bernstein – sondern Stück einer Feder, hinter geschliffenem Kristall, der wie ein Vergrößerungsglas wirkt. Das Band kein Leder, sondern Pferdehaar, fein geflochten. Die mehrteilige Kette nicht einfach nur ein langes, auffälliges Schmuckstück. Sondern ein Kunstwerk, dessen Glieder sich auseinandernehmen lassen, sodass daraus eine kurze Kette und ein Armband werden. Der Anhänger im Aquarium nicht nur irgendein Anhänger – sondern einer, den ein Fischer im Ammersee gefunden hat. Und der bis heute auf seine Besitzerin wartet.

»Neugierde ist mein Antrieb, sonst wäre es langweilig«, sagt Nele Spari. Es ist ihr Spieltrieb, den sie in ihren Kunstwerken auslebt. Aber um dorthin zu finden, musste erst einmal ihr Leben in Brüche gehen. Erst als die Scherben sprichwörtlich vor ihr lagen, fand sie ihren Stil.

ATELIER IM TORBOGEN
Schloss Seefeld • Schlosshof 1 • 82229 Seefeld • Tel.: 08152/98 05 94
www.torbogen-atelier.de
Öffnungszeiten: Do 11–18 Uhr, Fr 11–18 Uhr, Sa 11–18 Uhr, So 12–17 Uhr

Nele Sparis Tipp:

Die Läden und Werkstätten im Schloss Seefeld erkunden. Dann vom Schlosshof hinunter zum namenlosen Bach und den Weg am Bach entlang bis Widdersberg oder Andechs laufen

Nach der Mittleren Reife ließ sich Spari, die 1959 in Aachen geboren und am Ammersee aufgewachsen ist, in Dachau zur Goldschmiedin ausbilden. Dann zog sie der Liebe wegen nach Österreich, wo sie eine Reitlehrer-Ausbildung machte und mit ihrem Mann in der Steiermark einen Reiterhof gründete. Zehn Jahre blieb sie dort, bis das Leben für Nele Spari und ihren Mann getrennte Wege vorsah und Spari wieder ins Fünfseenland zurückkam. Tränenreich beweinte sie ihr Scheitern und zerbrach zu allem Überfluss noch ein kunstvolles Glas ihrer Oma. Da lagen nun die Scherben vor ihr. Es dauerte ein paar Tage, bis sie in den Scherben eine neue Form und eine neue Herausforderung sah. »Mit allen Techniken, die ich kannte«, schmiedete sie daraus einen Kerzenhalter und wurde damit zu einer Kunstausstellung in Schondorf geladen. »Und damit ging es los«, sagt Spari. »Ich habe das Beste aus meinen Berufen zusammengefasst, und daraus ist letztlich meine Technik entstanden.«

Schon immer hatte sie einen Blick für das Besondere im vermeintlich Unscheinbaren. Die Schönheit einer Spatzenfeder. Die Struktur einer Baumrinde. Sie war etwa acht Jahre alt, als sich ihre Lieblingstante ankündigte und Nele dieser eine besondere Kette fädelte. Großartig fand Nele die Kette, großartig fand sie auch die Tante. Vor allem die Perlen, die an schwarzen Pfeffer erinnerten. Wo sie die herhabe, fragte die Tante. Aus dem Hasenstall antwortete Nele. Die Tante hat diese Kötterlkette dann schnell, nun ja, weggepfeffert. Heute verarbeitet Nele Spari Federn, Blütenblätter, Rinde und Schmetterlingsflügel, Antilopenhörner und Abwurfstangen von Andechser Dammwild. »Ich nehme nur Fundstücke, die die Natur mir freiwillig überlässt.« Jeden ihrer »Lieferanten« kennt Spari mit Namen, Fotos stehen inmitten der Schmuckstücke: Von Amigo, dem Gelbbrust-Ara, dessen Federn vorne blau, hinten gelb leuchten. Von Wellensittich Fippi aus Starnberg, von Spotti, dem Papagei ihres Bruders aus Bernried, von Argus, dem Argusfasan aus Kärnten. Nach der Mauser schicken ihr die Besitzer die Federn zu.

»Neues Material halte ich an meinen Körper und schaue, was es mir sagen will. Und dann wird es zu dem, was es werden soll.« Ein Antilopenhorn kann nur ein Griff für eine Tasche werden. Die Hirschschaufel die Lehne für einen Stuhl. Die blau-schwarz gesprenkelte Feder das Auge eines Anhängers. Seine Trägerin wird sich finden.

»Zu mir kommt keiner und sucht sich seinen Schmuck«, sagt Spari, »sondern der Schmuck sucht sich seine Trägerin.« Der Stein passt zur Augenfarbe, die Anhängerform ist oval oder herzförmig, wie das Gesicht. Das geflochtene Pferdehaar hat die Haarfarbe der Besitzerin, es spiegelt vor, ihr Haar zu sein. Ein winziger Rubin, der die Farbe der Lippen wieder aufnimmt. Die Metalllegierungen, die mal gerade um den Stein herumführen, mal geschwungen, so wie das Haar der Trägerin. Jedes Stück ein Unikat. »Eigentlich ist mein Schmuck kein Schmuck, sondern ein Ich-Verstärker. Ein Das-bin-Ich-Schmuckstück.« Sie findet: »Ein Schmuckstück ist erst vollendet, wenn es die richtige Trägerin gefunden hat.«

Im Untergeschoss ihres Ateliers reihen sich Nele Sparis Ausstellungsräume wie kleine Schatzkammern aneinander. Jeder Raum birgt eine Überraschung und nichts ist, wie es auf den ersten Blick scheint. Die große Schnecke oben ist eine Spieluhr.

Andreas Huber

Der Industriedesigner hat den Beton für sich entdeckt

Andreas Huber hat sich das Leben in der alten Schmiede seines Großvaters eingerichtet: Nach dem Abitur 1993 gestaltete er die Räume neben der Werkstatt zu einer kleinen Wohnung, in die Werkshalle nebenan sollte später seine eigene Werkstatt einziehen. »Mir macht es Spaß, mit meinen Händen zu arbeiten.« Deshalb absolvierte der Steinebacher nach dem Zivildienst erst eine Schreinerlehre, bevor er sich dann an verschiedenen Hochschulen für das Fach Industriedesign bewarb. Genommen wurde er in Bozen. Dort hat er viel mit dem Material experimentiert, mit dem er jetzt sein Geld verdient: Beton. Er goss ein Waschbecken und schmiedete ein passendes Metall-Untergestell; als Diplomarbeit baute er einen Grilltisch, in den Betonsteine gegossen waren. »Ich fand das Material sinnvoll für eine Außenküche: Es brennt nicht und ist robust.« Huber erkannte einen Trend: Damals, um die Jahrtausendwende, wurde Beton gerade als gestalterisches Element entdeckt – es war nicht mehr nur bloßer Werkstoff für grobe Arbeiten. »Viele bringen mit Beton das Grobe, Raue in Verbindung und denken an Brückenbauwerke, aber Beton kann man unglaublich fein verarbeiten.« So, dass er sich fast weich anfühlt. »Wenn die Form extrem gut ist, ist das Ergebnis ganz glatt, fast sinnlich. Es muss nicht nachbearbeitet werden.« Huber poliert seine Werke nicht und sägt nachträglich nichts ab: »Sonst ist die Form ja verletzt.« Das fasziniert ihn noch immer: Form bauen, ausgießen, ausschalen »und dann sieht es genauso aus, wie man es sich vorgestellt hat«.

Vier Jahre lebte Huber in Bozen, bevor er zurück in die Heimat kam, mit einem großen Auftrag im Gepäck. Für das Naturkundemuseum in Genua sollte er eine biologische Zelle nachbauen: überlebensgroß, mit Zellkern, Mitochondrien, Endoplasmatischem Reticulum – allem Drum und Dran. Drei Meter hoch, vier Meter Durchmesser, aus Fiberglas und mit Löchern in der Zellwand, durch die die Museumsbesucher ihre Köpfe stecken und ins Innere der Zelle blicken können.

ANDREAS HUBER
Dorfstraße 9 • 82237 Wörthsee • Tel.: 0179/593 62 75
www.handwerkstatt.net • Öffnungszeiten: nach Vereinbarung
TIPP Kino-Open-Air, Seepromenade 1, 82237 Wörthsee

HAND WERK STATT
STEINEBACH 09

Galerie der
Stadt Stuttgart
22.1.–13.4.19
Spargel

Andreas Hubers Tipp:

Das Kino-Open-Air des FünfSeenFilmfestivals am Wörthsee

Besser hätte der Start in die Selbstständigkeit nicht laufen können. Ein Auftrag folgte dem nächsten, hier eine Küche mit Betonarbeitsfläche und Waschbecken, da ein Wassertrog aus Beton. Es sprach sich rum. Um zu zeigen, wie weich und glatt Beton sein kann, ersann Andreas Huber ein kleines Format. »Ich brauchte etwas, das den handschmeichelnden Eindruck vermittelt, und wo man sehen kann, was das für ein tolles Material ist.« Er gießt kleine bauchige Vasen, ab und an auch Lampen, die er auf Märkten verkauft, im Sommer auf den Fürstenfeldbrucker Gartentagen, im Winter auf dem Wörthseer Christkindlmarkt, den er selbst organisiert. Die meisten betongrau, andere aus gefärbtem Beton, rot, blau, gelb. Sie drängen sich dicht an dicht auf Borden und Brettern, in dem kleinen Laden neben seiner Werkstatt, dort, wo einmal seine Wohnung war. Auch die Goldschmiedin Aline Gansser hat in diesem Haus ihr Atelier – einst war in diesen Räumen der Tante-Emma-Laden von Hubers Oma.

Alles aus einer Hand – das gibt es heute auch bei Huber: *Beton, Holz, Eisen* steht auf der Fassade seiner Werkstatt, die er »Handwerkstatt« nennt. »Sie sehen hier einen Generalunternehmer: Ich mache alle Gewerke selbst.« Jedes Stück ein Unikat und maßgefertigt. »Kein Auftrag ist wie der andere«, sagt Huber. Mal wollte eine Werbeagentur 500 kleine Betonwürfel, mal ein Privatmann ein Betonsofa, das per Autokran übers Hausdach auf die Terrasse gehoben werden musste. Mal orderte ein großer englischer Bekleidungshersteller mehrere riesige Betontische für seine Showrooms in ganz Europa. »Ich glaube, die Leute kommen zu mir, wenn sie nicht wissen, wohin sie mit ihren Ideen sonst gehen sollen.«

Auch die Gemeinde Steinebach kam auf Huber zu, als die Bücherei Bücherboxen am Seeufer aufstellen wollte: Die hölzerne Bücherbox am Badeplatz am Seglerweg in Steinebach ist von ihm, die an der Maistraße vom Schlosser Alex Erb. Überhaupt die Kunst: Andreas Huber findet, »es ist bitter nötig, dass sich in Wörthsee mal die Kunst zeigt. Hier fehlt es weit an schönen Dingen«.

So war er sofort dabei, als der Wörthseer Koch und Metallkünstler Johannes Englmeier mit der Idee ankam, ob die beiden nicht einen Skulpturenweg organisieren wollten. Englmeier kannte die Idee aus Wasserburg am Inn, wo er studiert hatte und wo der AK68, eine Künstlergemeinschaft, den ersten Skulpturenweg Deutschlands errichtet hatte. Mittlerweile stehen entlang des Sees fast ein halbes Dutzend Kunstwerke. Vom Bildhauer Walter Kopp, der am Wörthsee und in den Marken lebt, genauso wie von Kindern der Grundschule. »Es wäre kein Problem, renommierte Künstler an den See zu holen«, sagt Andreas Huber. Aber der Skulpturenweg soll gestaltet sein von Leuten, die einen Bezug zum See haben, »nicht von Hinz und Kunz«. Gut so.

Um zu zeigen, wie glatt Beton sein kann, ersann Andreas Huber ein kleines Format: Vasen und Kerzenhalter – sonst baut er eher große Stücke: Küchen mit Betonarbeitsflächen oder Wassertröge. Seine Werkstatt war einst die Schmiede seines Großvaters.

Café am See

Tobias Aenishänslin ist der Tradition verpflichtet

Als das *Café am See* über 80 Jahre alt war, verpasste ihm Tobias Aenishänslin einen neuen Look. Verlegte den Eingangsbereich, ließ eine Wand durchbrechen und große Panoramafenster zum See einsetzen, riss einen Teppich heraus, tauschte die alten Tische und Stühle gegen dunkelgraues Leder und grünen Filz, die Wände sind in Betongrau gestrichen. Das Café wurde nüchterner, sachlicher, jünger. Es gibt nun eine Frühstückskarte und kleine Mittagsgerichte, wie Thaicurry, Burger oder Mango-Limetten-Suppe. »Man muss es so machen, dass man sich selber wohlfühlt«, sagt Aenishänslin. »Eigentlich«, gibt er zu, »haben wir alles anders gemacht.« Dennoch hat er das Alte und die Tradition bewahrt: Schließlich führt er das *Café am See* in Weßling nun in vierter Generation. Und Tradition verpflichtet: So heißt die Speisekarte jetzt *Handwerkskarte*, in den Umschlag ist der Antrag des Uropas zur Aufnahme in die Handwerkskammer abgedruckt.

Bereits seit Ende des 19. Jahrhunderts ist in dem stattlichen Haus direkt am Weßlinger See eine Bäckerei und Mehlhandlung untergebracht, im Jahr 1914 gab es erste Pläne für ein Café, aber dann kam der Erste Weltkrieg. Ein Café eröffnete dort erst 1921.

Der Urgroßvater von Tobias Aenishänslin, Georg Schmid, kaufte das Haus am See 1931: Da ist er bereits 41 und beginnt erst mal eine Ausbildung zum Bäcker. Er erhält eine Konzession zum Ausschank von Kaffee, Wein und Branntwein. Auch die Terrasse am See, die der Vorgänger schwarz errichtet hatte, wird jetzt offiziell genehmigt. Ende der 50er-Jahre übernimmt Opa Georg Schmid junior mit seiner Frau Dora das Café, 1988 übergeben es die beiden an die älteste Tochter Elisabeth, verheiratet mit Kurt Aenishänslin, einem Schweizer. Sie alle haben ihre Handschrift hinterlassen, sogar im Wortsinn: Das handgeschriebene Windbeutel-Rezept des Urgroßvaters ziert jetzt nach dem Umbau in Sahneweiß eine Wand des Cafés. Auch Großvater und Vater haben Hunderte von Rezepten angesammelt und von Generation zu Generation weitergegeben. »Jeder bringt eines

CAFÉ AM SEE

Hauptstraße 59 • 82234 Weßling • Tel.: 08153/1663 • www.cafe-aenishaenslin.de
Öffnungszeiten: Mo–So 9.30–18 Uhr, Dienstag Ruhetag.
Im Juni, Juli, August: bei gutem Wetter auch am Donnerstagabend

Tobias Aenishänslins Tipp:

Ein Spaziergang in das Aubachtal: Ausgangspunkt ist das Café, am Tennisplatz (Prinz-Alfons-Weg) vorbei, den Oberen Aubach entlang, Richtung Hochstadt.

mit und dann bleibt es im Haus«, sagt der heutige Chef. Immer noch wird nach diesen gebacken, täglich stehen mindestens ein Dutzend Kuchen und Torten in der Auslage. »Die Rezepte haben wir nicht geändert: weil ich von denen überzeugt bin.« Auch wenn sie natürlich modernisiert werden. Etwa, dass man heute Sauerrahm statt Quark nimmt – früher war Sauerrahm zu teuer. Im Sommer gibt es täglich Erdbeer-, Käse-, Apfel-, Mohn-Apfelkuchen. Und den Bestseller: Sauerrahm-Rhabarberkuchen – dieses Rezept können alle Bäcker des Cafés auswendig. Dazu die Torten: Prinzregenten, Sacher, Spanische Vanille und Nusstorte. Immer das, worauf der Chef Lust hat. Nur seinen Lieblingskuchen, den gibt es ganz selten: Schwäbischer Apfelkuchen, denn der ist so »hausfraulich«, findet Aenishänslin.

Das Café übernehmen, dort jobben oder mithelfen? War nie ein Thema in seiner Kindheit. Lieber war Tobias mit seinem Bruder und Freunden draußen am Weßlinger See, zum Baden oder Eishockeyspielen. Er ging zum Fußball, Tennisspielen, Skifahren. Es war sein eigener Entschluss, das Café zu übernehmen. Gedrängt haben ihn die Eltern nie. Tobias Aenishänslin sagt: »Sonst hätte ich es bestimmt nie gemacht.« Nach der zehnten Klasse ging er vom Gymnasium ab, Mittlere Reife reichte für die Konditorlehre. Tourte danach zwei Jahre durch Australien und Thailand, ehe er drei Jahre in München arbeitete und die Meisterprüfung ablegte.

Bereut hat er die Entscheidung nicht. Sein liebster Platz ist die Backstube – jeden Freitag ist dort Experimentiertag: »Da darf jeder backen, was er will.« Manche dieser Werke schaffen es ins Programm, andere gibt es nur ein einziges Mal an der Kuchentheke. Tobias Aenishänslin hat einen »unglaublichen« Walnuss-Karamell-Apfelkuchen erfunden. Schlicht deshalb, weil der Engadiner Nusskuchen, den sein Vater aus seiner Heimat mitgebracht hat, von vielen stets für einen Apfelkuchen gehalten worden war. Also probierte Aenishänslin dieses Rezept einfach mit Äpfeln aus.

Donnerstagabend ist bei schönem Wetter im Sommer lang geöffnet – auch das hat der Opa eingeführt. Der Enkel mag diese Abende: »Das ist ein ganz anderes Arbeiten: Man sitzt draußen, isst, setzt sich zusammen und ratscht.« Auch die Leute und die Stimmung am Abend seien anders. »Das ist immer ein cooler Abend.« Es gibt besondere Abendgerichte: Salat mit geräucherter Forelle, ein Brotzeitbrettl, ein Nudelgericht. Die Fleischpflanzerl mit Kartoffelsalat und das Thaicurry sind ein Muss.

Es sind nicht nur die Details, die von der Familientradition erzählen. Der Vater von Tobias Aenishänslin ist immer noch an bestimmten Tagen in der Backstube, die Mutter kümmert sich um die Blumen und Kuchenverkauf, viele Weßlinger Familien schicken bereits das zweite oder dritte Kind zum Jobben nach dem Abi oder während des Studiums ins Café.

Ob das Café einmal auch in fünfter Generation weitergeführt wird? Noch sind die Kinder klein. Aenishänslin bleibt diplomatisch: »Müssen müssen sie nicht.« Doch es sieht aus, als füge er in Gedanken dazu: Aber schee war's scho.

Tobias Aenishänslin und seine Frau Alexandra führen das *Café am See* in vierter Generation. Zwar bekam das Café einen neuen, modernen Look – aber alte Fotos erzählen von früher, hunderte Rezepte wurden von Generation zu Generation weitergegeben.

Sauerrahm-Rhabarberkuchen

Dieses Rezept können alle Bäcker des Cafés auswendig – es stammt von Tobias Aenishänslins Großvater. Bei gutem Wetter im Sommer kommt es vor, dass acht dieser Kuchen an einem einzigen Tag verkauft werden.

Zutaten für den Mürbeteig

65 g Zucker
½ TL Vanillezucker
125 g Butter
200 g Mehl
eine Prise Salz
Abrieb einer halben Zitrone

Zutaten für die Füllung

500 g Sauerrahm
3 Eier
150 g Zucker
40 g Vanillepuddingpulver
300 g Rhabarber

Zubereitung

Alle Zutaten für den Mürbeteig zu einem glatten Teig verkneten. Dann den Teig ausrollen und den Boden einer gefetteten und mit Backpapier ausgelegten Springform damit belegen.

Für die Füllung Sauerrahm, Eier, Zucker und Puddingpulver zu einer glatten Masse rühren.

Den Rhabarber gut putzen und in etwa zwei Zentimeter lange Stücke schneiden.

Masse auf den Mürbeteig füllen, die Rhabarberstücke hineindrücken und die Masse darüber glatt streichen. Der Rhabarber darf nicht zu sehen sein, sonst brennt er an. Eine Stunde bei 190 °C auf der mittleren Schiene backen. Falls sich der Kuchen zu stark hebt, Kuchen aus dem Ofen nehmen, abkühlen und zusammenfallen lassen. Danach die restliche Zeit weiter backen.

Nicole Weiß

Die Goldschmiedin hat ein Gespür für den richtigen Schmuck

Dort, wo einst ein Banküberfall stattfand, entwarf und verkaufte Nicole Weiß eine Zeitlang ihren Schmuck: im heimischen Wohnzimmer. Das hellblaue Haus in der Weßlinger Bahnhofstraße war lange Jahre Postamt, später Wohnhaus, Arztpraxis und Bankfiliale. Und in dieser Bankfiliale ereignete sich dann jener Banküberfall – sogar zwei Geiseln wurden damals genommen.

Dass die Preziosen von Nicole Weiß nun nicht mehr über den Wohnzimmertisch wandern, sondern im kleinen Atelier nebenan entstehen und verkauft werden, lag aber nicht an der Vergangenheit, sondern das liegt an der Gegenwart: Immer mehr Schmuckkäufer klingelten bei der Familie, am liebsten am Sonntagnachmittag, und fragten nach Ohrsteckern, Ketten und Ringen, die in einem Schaukasten ausgestellt waren. Irgendwann reichte es Nicole Weiß' Mann. Ein eigenes Atelier sollte her: An der Stelle der alten Garage baute die Familie, allen voran der Vater, ein Ingenieur, ein kleines Atelier: mit schmucken weißen Vitrinenschränken, beleuchteten Nischen und einem Schaufenster aus Panzerglas. Nicole Weiß' Vater schreinerte aus antiken Bilderrahmen kleine Wandvitrinen, die nun Kettenanhänger und Ohrringe beherbergen, die Mutter fertigte Büsten und Plastiken aus Keramik, an denen die Goldschmiedin ihre Ketten präsentiert. Es ist, nun ja, ein kleines Schmuckkästchen geworden: Leise Klaviermusik läuft im Hintergrund, wer in den kleinen Laden tritt, bei dem fallen Stress und Hektik ab. So hört es zumindest Nicole Weiß von ihren Kunden. Es kommen Schülerinnen, die ein Armbändchen als Geschenk für die Freundin suchen. Ältere Damen, die sich eine Kette aus hochpreisigem 18-Karat-Gelbgold oder eine Perlenkette wünschen. Paare, die sich Eheringe schmieden lassen wollen. Frauen, die Perlen und Schmuck geerbt haben und diese nun zu einem moderneren Stück umarbeiten lassen wollen. »Mir ist

NICOLE WEISS
Bahnhofstraße 2a • 82234 Weßling • Tel.: 08153/90 62 64
www.schmuckatelier-weiss.de
Öffnungszeiten: Do 9–12 Uhr, Fr 9–12 Uhr und 15–18 Uhr,
Sa 10–14 Uhr und nach Vereinbarung
TIPP Startpunkt: *Café am See*, Hauptstraße 59, 82234 Weßling

Medaillon

follow
your
heart
Sweethearts

Nicole Weiß' Tipp:
Ein Spaziergang rund um den Weßlinger See. Ausgangspunkt ist das *Café am See*.

wichtig, dass sich jeder hereintraut und jeder das findet, wonach sein Herz sich sehnt«, sagt die Goldschmiedemeisterin.

Schon als Kind hat die 1973 geborene Münchnerin gerne gebastelt, am liebsten gefädelt, Glasperlen und Metall waren ihr Werkstoff. Ihr erstes Schmuckstück entwarf sie am Gymnasium für ihre Facharbeit im Leistungskurs Kunst: einen Kettenanhänger aus Sterlingsilber mit Muscheln, die sie aus Wachs modelliert hatte, und einem Ammonit, einer versteinerten Schnecke. Nach dem Abitur besuchte Nicole Weiß die staatliche Berufsfachschule für Glas und Schmuck in Neugablonz, schloss als Gold- und Silberschmiedegesellin ab. Danach arbeitete sie bei Cada, einem Juwelier in der Münchner Maximilianstraße. »Handwerklich«, sagt die Goldschmiedin, »waren diese Jahre für mich sehr prägend.« Sie besuchte die Meisterschule in München und schloss im Jahr 2000 als Jahresbeste ab. Ihr Meisterstück: ein Collier aus Süßwasserperlen, fünfreihig aufgezogen, und einem goldenen Medaillon in der Mitte.

Nach der Geburt ihrer Kinder und dem Umzug nach Weßling begann sie freiberuflich zu arbeiten – und die Wünsche ihrer Kunden am Wohnzimmertisch zu skizzieren: »Das Goldschmieden macht mich so glücklich, und das merken die Kunden«, sagt Nicole Weiß und strahlt selbst Ruhe und Glück aus. Sie hört ihren Kunden zu, fühlt sich in sie hinein und ist erst dann zufrieden, wenn sie für jeden genau das passende Schmuckstück gefunden hat. Manchmal hilft sie dem Glück auch ein bisschen nach: Zu Weihnachten legte sie Wunschzettel aus, die ihre Kundinnen ausfüllten. Diese Wunschzettel schickte sie dann deren Ehemännern. »Die Frauen waren glücklich, weil sie endlich bekommen haben, was sie sich wünschten. Und die Männer waren glücklich, weil sie ein Geschenk hatten«, erzählt sie, ihre blauen Augen strahlen. Sie freut sich noch immer. Wie gut, dass sie ihre Kunden schon lange kennt.

Geöffnet ist an drei Tagen. Mehr geht nicht, denn irgendwann muss die Meisterin ja all den handwerklich hochwertigen Schmuck kreieren und schmieden. »Ich habe viel zu wenig Zeit für all die Ideen, die in meinem Kopf schlummern.« Manchmal reicht schon ein Samenkorn, um sie zu inspirieren. Am liebsten arbeitet sie mit Edelsteinen – geschliffen von einem 90-jährigen Edelsteinschleifer aus München. »Ich mag gar nicht daran denken, was ich mache, wenn er das eines Tages nicht mehr kann.« Und Nicole Weiß ist streng mit sich selbst: »Sobald ein Stück fertig ist, überprüfe ich es noch einmal ganz genau.« Selbst ihr Meisterstück beäugt sie bisweilen kritisch. Dabei war das sogar schon im Fernsehen zu sehen: in einer Folge der Fernsehserie *Die Rosenheim-Cops*. Es hatte gewissermaßen die Hauptrolle – und eine eigene Assistentin, die sich nur um das Collier kümmerte. Nein, um einen Überfall ging es nicht. Sondern um eine mörderische Goldschmiedin.

Nicole Weiß' Meisterstück, ein fünfreihiges Perlencollier, hatte in der Fernsehserie *Die Rosenheim-Cops* einen Auftritt. Ihren Schmuck fertigt sie heute im eigenen Atelier – das musste her, als immer mehr Schmuckkäufer zu ihr nach Hause kamen.

Starnberger See

Café Piccolino

Günter Zech bringt den Kaffee zu seinen Stammkunden

Es ist ein bisschen wie in Italien. Man trifft sich an der Bar, nimmt einen Espresso oder Cappuccino, vielleicht noch ein Hörnchen dazu, plaudert ein paar Takte und geht dann seiner Wege. Dazu das Summen der Siebträgermaschine, das Zischen des Milchschäumers, das Rausklopfen des aufgebrühten Espressopulvers. Nur dass die Bar keine feste Adresse hat und man unter freiem Himmel steht. Jeden Werktag steht Günter Zech mit seiner roten Kaffee-Ape an einem anderen Ort am Starnberger See. Bei Regen, Schnee und Sonnenschein. Nur wenn es kälter ist als minus zehn Grad, muss er zu Hause bleiben – sonst frieren Wasser und Milch ein. Er mag das: »Ich bin nie krank und hab' inzwischen ein anderes Wärmeempfinden als viele andere: Wenn die Ersten schon frieren und einen Mantel tragen, lauf ich noch mit kurzen Ärmeln rum.« Nur starken Wind mag er nicht, der nervt ihn. Ein paar seiner Kunden sind aber noch hartgesottener als er: eine Gruppe Münchner Rentnerinnen und Rentner, die von April bis Ende Oktober, Anfang November jeden Morgen in Percha im See schwimmen gehen. Und danach bei Günter Zech einen Kaffee trinken. »Im April bei fünf Grad fangen die an«, wundert sich Günter Zech. »Das wär nichts für mich. Ich bin eher ein Warmduscher.«

Er kennt seine Kundschaft, die Golfer in Gut Rieden, die Arbeiter, Geschäftsleute, Hausfrauen in Percha, Starnberg und Feldafing. Er weiß, wer einen Cappuccino trinkt, wer einen Espresso mag und wer Marmelade zum Croissant möchte. Was Stammkunden sind, wusste er schon von klein auf: Die gab es schon bei seinen Eltern in der Starnberger *Zechstube*, einer Konditorei mit Café am Bahnhof. Und Günter, dem Jüngsten der drei Zech-Kinder, geboren 1962, war schon immer klar, dass er einmal Konditor werden und möglichst die Bäckerei der Eltern übernehmen würde. Schließlich war er als Kind

CAFÉ PICCOLINO

Buchhofstraße 24b • 82319 Starnberg • Tel.: 08151/368232 • www.cafe-piccolino.de
Standorte: Mo–Mi 7–11.30 Uhr Kirchplatz Percha,
Mo 12–18 Uhr Golfplatz Gut Rieden, Do 7.30–13 Uhr Kirchplatz Starnberg,
Fr 7.30–13 Uhr Marktplatz Feldafing
TIPP Startpunkt: Heimathausenerstraße, 82319 Starnberg

viel in der Backstube – manchmal, um Teig auszurollen, meist zum Naschen. Schreiner zu werden hätte er sich noch vorstellen können: »Da kannst Du auch schöne Sachen kreieren, so wie ein Konditor.«

Sein Handwerk lernte Günter Zech bei der *Bäckerei Schwarzmeier* in Starnberg – dort holt er heute jeden Morgen die Croissants und Brezen, schmiert und belegt Semmeln und bäckt seine Kuchen. Marmor-, Zitronen- und Walnuss-Schokokuchen fahren auf der Ape immer mit, nach Lust und Laune gibt es Rüblikuchen, eine Schokotarte oder Mandelhörnchen. Kastenkuchen findet der Konditor praktisch, die lassen sich am besten schneiden und aufbewahren. Nach der Lehre arbeitete er bei einem Konditor in Feldafing. Bis ihm sein Schwager dazwischenfunkte: Der fragte an, ob er nicht ab und zu bei ihm aushelfen könne, als Chauffeur. Patienten zur Dialyse fahren, Mitarbeiter von Starnberger Firmen zum Flughafen bringen. Solche Dinge. Günter Zech konnte und merkte, dass es gar nicht schlecht war, nicht jeden Morgen um drei oder vier aufstehen zu müssen. Er hatte seine Stammkunden, wusste, wer wann wo sein musste. Irgendwann machte er seinen »Fahrgastbeförderungsschein« und tauschte die Backstube gegen den Autositz. Zumindest für die nächsten 20 Jahre.

Ab und an dachte er sich, es wäre doch nett, ein Café zu haben, hörte sich hin und wieder um, aber ein passender Laden war nicht dabei. Auch seinem Nachbarn erzählte er mal von seiner Idee. Und dann reiste sein Nachbar nach Münster, ging auf den Wochenmarkt und sah

Ein Nachbar erzählte Günther Zech von den mobilen Cafés. So konnte sich der Starnberger seinen Traum vom eigenen Café verwirklichen. Mit seiner ferrariroten Ape steht er jede Woche an vier verschiedenen Standorten im Fünfseenland.

dort eine Kaffee-Ape stehen. Er brachte Günter Zech Namen und Adresse mit. »Ich hab sofort im Internet nachgeschaut, wo man so etwas herbekommt, und gesagt, das mache ich!« Dem Nachbarn versprach er freien Cappuccino lebenslang. In Kassel fand der Konditor einen Piaggio-Händler, bei dem er seine Ape bestellte, ferrarirot sollte sie sein, mit kleiner Kühlvitrine, Tischplatten zum Montieren, Spülbecken und Platz für eine Siebträgermaschine. Ein halbes Jahr später wurde die Ape nach Percha geliefert. Das war 2005 – Ape-Cafés waren damals noch ein Novum. Das Kaffeekochen brachte sich Günter Zech selbst bei.

Weil er nicht wusste, wie das Café laufen würde, fuhr er anfangs abwechselnd das Café zu den Wochenmärkten und seine Kunden zu ihren Terminen. Mit den Jahren kamen die Stationen in Percha und Gut Rieden dazu. Der Kreis der Stammkunden wuchs. Denen, die gerne einen Kaffee zum Mitnehmen kaufen, hat der fahrende Café-Besitzer jetzt Bambusbecher geschenkt: »Man muss ja schauen, dass man Plastik reduzieren kann.« Zu Hause gibt es Ketchup und Joghurt nur noch aus Glasflaschen, zum Einkaufen kommen Beutel mit.

Manchmal fragen die Leute, warum Zech nicht expandiert, eine zweite Ape kauft, sie vermietet oder auf mehr Märkte geht. »Aber mehr will ich nicht. Was ich verdiene, reicht zum Zufriedensein, das ist das Wichtigste.« Jeden Tag mit Freunden und Bekannten zusammen sein, den Nachmittag frei haben. Was gibt es Besseres?

Auch wenn der Starnberger den italienischen Kaffee jetzt jeden Tag bei sich hat und morgens gern drei, vier Tassen Cappuccino trinkt, sobald er die Tische anmontiert und die Kaffeemaschine angeschaltet hat: Wenn Günter Zech im Urlaub über den Brenner fährt, hält er an einer der ersten Raststätten an. »Da ist ein Kaffee fällig.« So ganz ohne Italien geht es doch nicht.

Günter Zechs Tipp:

Eine Wanderung durch das Leutstettener Moos, an der Villa Rustica vorbei bis zum *Biergarten Leutstetten*

Marmorkuchen

Eigentlich verrät Günter Zech seine Rezepte nicht.
Hier macht er eine Ausnahme.

Zutaten

250 g Butter
400 g Zucker
5 Eier (Größe M)
150 ml Milch
350 g Mehl
1 Päckchen Backpulver
2 gehäufte EL Kakao
Puderzucker oder Schokoglasur zum Verzieren

Zubereitung

In einer Schüssel weiche Butter und Zucker mindestens drei Minuten schaumig rühren, die Eier nach und nach zugeben und solange rühren, bis sie ganz untergemischt sind. Dann die Milch unterrühren. Mehl und Backpulver mischen und ebenfalls unter den Teig rühren.

Ofen auf 180 °C Umluft vorheizen.

Wenn alles vermengt ist, zwei Drittel des Teigs in eine haushaltsübliche, gefettete Kastenform verteilen.

Den Kakao mit einem Sieb in das restliche Drittel einstreuen und mit ein wenig Milch (nach Gefühl) unterrühren – sodass die Kakaomasse wieder weich wird. Kakaomasse auf die weiße Masse längs verteilen und mit einer Gabel der Länge nach spiralförmig tief in die weiße Masse eindrehen (drei Mal hin und her). Teig im unteren Drittel des Ofens etwa eine Stunde backen. Mit einem Holzstäbchen prüfen, ob der Kuchen fertig ist.

Kuchen aus der Form nehmen, auskühlen lassen, mit Puderzucker bestreuen oder mit Schokoglasur bestreichen.

ZUCCHERO
Austritt ohne Abkomme
lichtkunst
weilheim
bei jedem wetter
freier eintritt
www.lichtkunst-weilheim.de
» WIRTSCHAFT

Café Frühtau

Bettina Hofmann verwirklicht ihre Träume

Als Überschrift über Bettina Hofmanns Leben könnte stehen: »Geh, wohin dein Herz dich trägt.« Sie ist eine, die sich treiben lässt vom Lauf des Lebens. Die mehr als ein Dutzend Mal ihr Leben in Kisten gepackt und in anderen Städten, Ländern und auf anderen Kontinenten wieder ausgepackt hat. Weil sie Lust darauf hatte. Weil der Zufall es wollte. So wie der Zufall sie auch zur Café- und Boutique-Besitzerin gemacht hat. Oder vielmehr Fergie, ihre Irish-Setter-Hündin: Auf ihren täglichen Runden durch Berg stromerte Fergie von Leckerli-Anlaufstelle zu Leckerli-Anlaufstelle. Eine davon war die Boutique in der Grafstraße 14. Die Straße ist benannt nach ihrem berühmtesten Dorfbewohner, dem Schriftsteller Oskar Maria Graf, dessen Geburtshaus das mit der Nummer 9 ist. Als die Besitzerin ihren Klamottenladen aufgeben wollte, fragte sie Fergies Frauchen, Bettina Hofmann, ob sie nicht Lust habe, diesen zu übernehmen. Hofmann sagte Ja, aus einem Gefühl heraus: »Einfach, weil es hier schön ist. Das Haus und das Geschäft haben so viel Charme.« Als anderthalb Jahre später die Post, die im gleichen Haus untergebracht war, diese Filiale schloss, mietete Hofmann deren Räume dazu. Das war 2005. Sie kombinierte Café und Klamotten – ein Konzept, das sie aus London kannte, von Besuchen bei ihrer Tochter: Blumen und Cafés, Bücher und Cafés. All das gab es dort, lange bevor solche Kombinationen auch nach Deutschland kamen.

Als Kind von Hotelbesitzern in der Rhön ist Bettina Hofmann mit Gastronomie groß geworden, lernte Hotelfachfrau, arbeitete im *Vier Jahreszeiten* in München, später als Gästebetreuerin im Schwarzwald und schließlich als Rezeptionistin in einem Hotel in der französischsprachigen Schweiz. Mit ihrem Freund ging es dann nach Nürnberg, wo sie sich zur Diplomübersetzerin für Englisch und Französisch ausbilden ließ. Dann wieder ein Umzug zurück in die Rhön und als Tschernobyl radioaktive Wolken über Deutschland sandte, packte Hofmann die Koffer und siedelte mit Mann und erstem Kind für eine Weile nach New Mexico über. Dort betrieb der Onkel ihres Mannes eine Töpferei, in der sie mitarbeitete, Lasierungen polierte,

CAFÉ FRÜHTAU

Grafstraße 14 • 82335 Berg • Tel.: 08151/97 14 80 • www.cafefrühtau.de
Öffnungszeiten: Fr 12–18 Uhr, Sa 10–18 Uhr, So 8.30–18 Uhr, Feiertage 12–18 Uhr

Bettina Hofmanns Tipp:

Ein Abstecher zu König Ludwig: die Grafstraße entlang, den Berg hinunter an den Starnberger See, hinein in den Schlosspark zur Votivkapelle: an die Stelle am See, wo König Ludwig II. ertrunken ist. Dann weiter nach Leoni und mit dem Schiff zurück

Keramiken verpackte und verkaufte. Nach einigen Jahren in ihrer alten Heimat wurde es dann der Starnberger See, an dem sie sich mit den drei Kindern niederließ. Weil es ihr hier gefiel, weil sie hier als junge Frau mal einen Freund gehabt hatte. Doch weil es Bettina Hofmann in Deutschland oft ein bisschen zu kalt ist, packte sie irgendwann wieder Kinder und Koffer und zog für drei Jahre nach Ibiza. Zurück kam sie 2003 wegen der Schulabschlüsse der Kinder.

Bald darauf übernahm sie die Boutique. Wenn Gäste und Kunden den Laden betreten, der im angeblich ältesten Haus Bergs untergebracht ist, rufen sie oft aus: »Das ist ja wie im Urlaub!« Ob es an den himmelblauen Wänden liegt, den luftigen Tops und Hosen, die im Ladenraum hängen, dem Kaffeeduft? Wer weiß. Bettina Hofmann sagt: »Wenn man bei mir das Gefühl von Urlaub bekommt, finde ich das schön. Das zeigt ja, dass jemand entspannt ist und sich wohlfühlt.« Weil sie selbst das Reisen liebt und in den letzten Jahren natürlich nicht aufgegeben hat, gibt es bei ihr vieles, was es sonst nirgends gibt: Auf Bali entwarf sie kurzfristig eine kleine Travel-Kollektion – unkomplizierte weiße Baumwollkleider, die sie von einer Näherin dort schneidern ließ und in ihrem Laden verkauft. Zwei Jahre später, 2015, das gleiche in Thailand. In Mexiko entdeckte sie eine kleine Manufaktur, die indigenen Frauen Arbeit gibt. Bettina Hofmann wollte diese Frauen auch unterstützen und bestellt nun bei ihnen kleine Armbänder mit Starnberger-See-Motiv. Auch die Kuchen im Café sind Mitbringsel aus ihrem Leben: Apfelbaiser, Kirschstreusel, Marmorkuchen, die sie seit Jahren auf der Speisekarte hat, sind Rezepte ihrer Mutter. Das Rezept für den Rüblikuchen brachte ihre Tochter aus dem Internat in England mit, es war ihr Lieblingskuchen dort.

So lange wie Bettina Hofmanns Café und Boutique war noch nie ein Laden in dem alten Wohnhaus. Und so lange wie jetzt war die Weltenbummlerin auch noch nie an einem Ort. »Das Schöne am Café«, sagt sie, »ist, dass ich so viel Kontakt zu interessanten Menschen habe.« Ein Verleger ist einer ihrer Stammgäste, dazu Fußballprofis und Schauspieler. Ihre Namen sollen nicht verraten werden. Die Promi-Dichte ist hoch – schließlich ist Berg nicht irgendein Ort am Starnberger See.

Im angeblich ältesten Haus in Berg ist das *Café Frühtau* untergebracht. Bettina Hofmann verkauft dort nicht nur Kuchen, deren Rezepte Mitbringsel aus ihrem bewegten Leben sind, sondern auch Accessoires und Kleidung, die sie selbst entwirft.

Rüblikuchen

Der Lieblingskuchen von Hofmanns Tochter im Internat in England. Seit Jahren wird er mindestens einmal pro Woche gebacken.

Zutaten

250 g Haselnüsse
450 g Karotten
2 TL Zimt
350 g Zucker
4 TL Vanillezucker
400 g Butter
6 Eier
300 g Mehl
2 TL Backpulver

Zubereitung

Nüsse und Karotten zerkleinern (nach Belieben grob oder fein) und in einer Schüssel vermischen.

Zimt, Zucker und Vanillezucker dazu geben und vermischen.

Die Butter schmelzen lassen und langsam über die Mischung geben. Kurz mit dem Handrührgerät verrühren.

In einer separaten Schüssel die Eier etwa drei Minuten mit dem Handrührgerät aufschäumen und zur Mischung geben. Mehl und Backpulver darüber sieben und unterrühren.

Bei 170 °C Umluft eine Stunde backen.

Hans Panschar

Der Bildhauer lässt die Symbole seines Lebens zu Kunst werden

Hans Panschars Lebenslauf endet 1995, mit dem Satz: »Familie gegründet, sesshaft.« So, als gäbe es nach dem Sesshaftwerden kein Leben mehr. Dabei begann danach all das, was heute sein Leben ausmacht: der Weg vom Schreiner zum Bildhauer. In seiner Werkstatt in Allmannshausen bei Berg, einem ehemaligen Pferdestall, schreinerte Panschar damals Tische, Schränke und viele Stühle. Stühle faszinieren ihn, denn »ein Stuhl kommt dem Menschen nahe: Er hat Beine und einen Rücken«. Alles Einzelstücke, das meiste Auftragsarbeiten. Auch Läden richtete er ein. Es lief gut, von Anfang an. »Aber meine Sachen wurden immer abgefahrener, irgendwann wurden die Möbel immer mehr zu Skulpturen«, erzählt er. Fortan verlegte sich Panschar immer mehr auf die Kunst.

Nach dem Fachabitur 1981 an der Fachoberschule für Gestaltung in München studierte Hans Panschar vier Wochen Grafikdesign, langweilte sich dort und arbeitete erst mal als Surflehrer auf Elba. Als er genug Geld zusammenhatte, brach er mit zwei Freunden nach Sri Lanka auf, zum Wellenreiten. Im Gepäck Rucksack und Surfboard. Bleiben wollten die jungen Männer zwei Monate, geworden sind es zwei Jahre und eine Reise um die Welt. Wann immer das Geld knapp war, jobbten Panschar und seine Freunde: als Nachtwächter, auf Christbaumplantagen, als Küchenhilfe. Als er mit einem Freund an einer Kreuzung in Neuseeland, der Pukuri-Junction, stundenlang auf ein Auto wartete, das die beiden Tramper mitnehmen würde, wuchs in den beiden Backpackern eine neue Idee: Wir bauen ein Schiff. Zurück in Deutschland begann Panschar eine Bootsbauerlehre in einer kleinen Werft am Ammersee. »Das war mein Ding« und der Traum vom eigenen Schiff immer noch groß. Weil Panschar einer ist, der tut, wovon er träumt, zogen er und sein Schulfreund, der mittlerweile Architekt geworden war, 1989 nach Lübeck, im Gepäck diesmal einen 40-Fuß-Container, beladen mit Holz, Kreissäge, Bandschleifmaschine, Hobelbank. Sie mieteten sich in einem Bauernhof mit leer stehender Scheune ein, bauten während des Sommers an ihrem Katamaran, im Winter

HANS PANSCHAR

Zieglerweg 11 • 82335 Berg/Allmannshausen • Tel.: 0179/244 96 14

www.hanspanschar.de • Öffnungszeiten: nach Vereinbarung

Hans Panschars Tipp:

Ein Ausflug zum Buchsee – der Moorsee gehört zur Gemeinde Münsing und liegt zwischen Höhenrain und Weipertshausen. Die Anfahrt ist ausgeschildert, zum Beispiel ab Münsing.

jobbten sie. Nach zwei Jahren ließen sie ihren Hochseekatamaran *Pukuri* in Travemünde zu Wasser. In jedem Rumpf drei Betten, Küche und Bad. in der Mitte eine Alukabine mit Wohn- und Esszimmer. Wieder ging es auf Tour, diesmal rund um Europa, bis nach Mallorca. Dort blieben die beiden hängen, ließen sich und ihr Boot von Freunden und Fremden chartern. Und wenn Flaute war, sammelte Panschar Treibholz, meist von alten Schiffwracks mit abgeblätterter Farbe, baute Bilder und Collagen, stellte sie auf eine Staffelei und verkaufte sie vom Fleck weg.

Nach zwei Jahren waren die zwei des Seglerlebens müde, es zog sie zurück nach Deutschland. Frauen waren auch im Spiel. Dank seines spannenden Lebenslaufes bekam Panschar sofort einen Job: an der TU München als Leiter der Schreinerei am Lehrstuhl für Ergonomie. »Das war ein Glücksfall«, sagt Panschar, »fast wie ein Stipendium.« In die Werkstatt kamen nur ab und an Studenten, die Hilfe beim Modellbau brauchten, den Rest der Zeit konnte er seine eigenen Sachen machen: Möbel schreinern, Kunstwerke aus Treibholz bauen. »In diesen zwei Jahren dort hab ich mein Programm entwickelt.« Seine erste Tochter war geboren, der erste Schritt zur Sesshaftigkeit. Dann kam »wieder ein Glücksfall«: Freunde hatten den Bauernhof in Allmannshausen zu mieten gefunden, aber für eine Familie war er zu groß, und dann gab es da den Pferdestall, der leer stand und eine perfekte Werkstatt abgab. Der Umzug dorthin war der nächste Schritt in die Sesshaftigkeit. Und der Schritt in die Selbstständigkeit. 1995 sesshaft. Zehn Jahre später: Panschar entscheidet sich nur noch Kunst zu machen. Er baut, was ihm durch den Kopf geht.

Schiffe, Häuser, Bücher aus Eichenholz, manchmal in Kombination mit Holz und Beton. Manche Objekte lässt er pur, manche streicht er mit Dispersionsfarbe oder mit Kalk, auf die er eine Eisenlösung bringt. Die chemische Reaktion aus beidem erzeugt ein tiefes Schwarz.

Panschar pflegt die richtigen Kontakte: Er kennt Innenarchitekten, die seine Skulpturen empfehlen, wenn sie ein Haus oder Büro einrichten. Er macht regelmäßig Ausstellungen, wird für Installationen angefragt. So entstand etwa das Projekt Queen Mary: Für die Leserreise der Wochenzeitung *DIE ZEIT*, mit dem Schiff von Hamburg nach New York, entwarf er das Projekt Flaschenpost. Alle 24 Stunden wurde eine Flasche mit einem Objekt ins Meer geworfen, zehn Tage lang. Drei Editionen gibt es bisher. Vier der 30 Flaschen sind bereits gefunden. Komplett selbstbestimmt arbeiten und davon leben zu können, »das ist fast mehr Freiheit als beim Segeln«, sagt Hans Panschar. Seine Projekte sind so vielfältig wie sein Leben – immer das Gleiche zu machen langweilt ihn.

In seinem Atelier stehen überall Stühle herum, Schiffe, Häuser. Symbolik, die auch in seinem Leben steckt: Stühle sind für ihn ein Symbol für den Übergang zwischen Mensch und Erde, so wie es bei ihm einst den Übergang gab, vom Handwerk zur Kunst. Schiffe, das Symbol fürs Unterwegssein. Die Häuser, Symbol fürs Verwurzeltsein. Sesshaft. Und dann gibt es da noch die Archen: Kombination aus Schiff und Haus. Denn so ganz kann er nicht aus seiner Haut: Sesshaft für immer – die Vorstellung ist dann doch zu viel.

Nach Jahren des Unterwegsseins fand Hans Panschar seine Berufung: mit Holz arbeiten. Sein Weg führte ihn vom Möbelbau in die Kunst. Seine ganze Werkstatt steht voller Objekte, meist Häuser und Stühle: Symbole, die wichtig sind für sein Leben.

Café Freiraum

Cäcilia Kohn gibt Künstlern eine Bühne

Wenn Cäcilia Kohns Freunde zu ihr ins Café kommen, sagen sie gern: »Ich brauch halt meinen Freiraum.« Kohn freut sich über die Doppeldeutigkeit des Satzes – denn sie liebt ihn ja auch, ihren Freiraum. Sie ist keine, die gern in Schubladen denkt; keine, die schon immer den Traum vom eigenen Café hatte.

Als Kind wolle Cäcilia Kohn unbedingt Opernsängerin werden. Wie ihr Opa, Karl Christian Kohn – dem die Bayerische Staatsoper den Titel des Kammersängers verlieh. Bei der Wiedereröffnung des Münchner Cuvilliés-Theater 1958 sang er den Figaro aus Mozarts »Hochzeit des Figaro« – das war seine Paraderolle. »Mein Vater«, erzählt Kohn, »wuchs praktisch in der Oper auf und die Musik war immer Thema bei uns zu Hause.« Kein Wunder, dass auch Cäcilia immer als Sängerin auf der Bühne stehen wollte. Geboren ist sie 1989 in Bad Tölz, aufgewachsen in Münsing. Mit fünf Jahren bekam sie Klavierunterricht, als Jugendliche nahm sie Gesangsunterricht bei ihrem Onkel, dem Bass-Sänger Andreas Kohn. Nach dem Schulabschluss jobbte sie an der Staatsoper in München als Regieassistentin und Souffleuse und bereitete sich auf die Aufnahmeprüfungen an den Musikakademien vor. Am Mozarteum in Salzburg studierte sie dann Fächer wie Sprecherziehung, Gehörbildung, Tonsatz, Musikgeschichte. Ihre Stimmlage: Mezzosopran. Es fühlte sich gut an. Aber nicht richtig. »Ich wollte berühren und mitreißen. Aber als Opernsängerin braucht man auch Management und Disziplin – und das mit mir zu vereinbaren, fand ich schwierig.« Auch die Familie fehlte ihr. »Manchmal«, so sagt die Münsingerin heute, »ist der Traum von etwas besser als die Realität.«

Cäcilia Kohn brach das Studium ab, zog wieder zurück nach Münsing, zu Eltern, Brüdern und Schwester. Sie jobbte im elterlichen Hofladen und begann eine Lehre zur Restaurantfachfrau. Das lag nahe, denn ihr Vater und ihr Bruder hatten kurz zuvor zusammen mit dem Journalist und Autor Jan Weiler in Münsing die *Vinoteca Marcipane* eröffnet, eine Weinhandlung mit angeschlossenem Bistro. Kohn jobbte auch hier und als sich Bruder Corbinian und Jan

CAFÉ FREIRAUM
Bachstraße 1a • 82541 Münsing • Tel.: 08177/929687
www.freiraum-muensing.de • Öffnungszeiten: Mo–Fr 8–17 Uhr

Cäcilia Kohns Tipp:

Die Holzhauser Musiktage,
die jedes Jahr im Juli stattfinden.
www.holzhauser-musiktage.de

Weiler beruflich verändern wollten, sagte sie sich: »Dann pachte ich die Räume und eröffne hier ein Café.« »Ich wollte den Leuten einen Treffpunkt bieten, ein Wohnzimmer – das ist doch ein schönes Lebensziel.« Das war 2013. Auf den weinroten Regiestühlen an den Tischen draußen steht noch der Schriftzug *Marcipane*.

Cäcilia schreinerte aus alten Paletten Sitzbänke, in die sie Schubladen einmontierte – unterstützt vom Vater. Vor den Laden hängte sie einen alten Schulranzen, als Briefkasten für den Postboten. Den Eingang ziert ein Zitat des Komponisten Igor Strawinsky: *Ich habe keine Zeit, mich zu beeilen.* »Das muss ich mir immer sagen, sonst versuche ich zu viel gleichzeitig zu machen.«

Den Kaffee bezieht Cäcilia Kohn von der Rösterei Murnau, alle Zutaten sind regional und bio, der Kuchen selbst gebacken. Die Schokotarte, die es schon in der Vinothek gab und deren Rezept einst eine Freundin vorbeibrachte, gibt es immer noch. Liebling der Kunden ist aber der Käsekuchen. Das Rezept fand Kohn in dem Backbuch *Backen wie auf dem Land*, geschrieben hat es Maria Pilch, eine Konditorin und Biobäuerin aus dem Nachbarort Eurasburg. Cäcilia Kohn hat es immer wieder ein wenig verändert, sie kann es längst auswendig. Sie selbst mag am liebsten Schwarzwälder Kirschtorte – »aber nur die von meiner Mama«. Die Schwarzwälder Torte war der Klassiker in der Familie. Jedes Kind bekam sie zum Geburtstag, in jeder erdenklichen Form: mal als Froschkönigbrunnen mit Gummifröschen und goldener Kugel, mal als Schwarzwälder VW-Käfer, mal als Konzertflügel – der Vater hatte extra ein Gestell dafür geschreinert.

Weil ein normales Café Cäcilia Kohn zu wenig Freiraum bieten würde, gibt es bei ihr nicht nur Kaffee und Kuchen und mittags kleine Gerichte. Sondern auch Geschenkartikel, »mit denen ich mich identifizieren kann, die Sinn machen und praktisch sind«: wie das bunte Geschirr aus Bambus und Maisstärke. Es gibt Bücher – aber nur aus einem Verlag: den Diogenes Verlag mag sie, weil er Krimis, Romane und Kinderbücher im Angebot hat, zudem die Bücher von bekannten Einheimischen: Loriot und Patrick und Wilhelm Emanuel Süskind. Und sie gibt anderen eine Bühne: Kabarett, Lesungen, Musik – jeden Monat steht ein anderes Event auf dem Programm. Das organisiert ihr Vater Christian Kohn. Schließlich hat er zuvor schon jahrelang Konzerte in der Tenne auf dem heimischen Hof veranstaltet. Bereits beim ersten Kulturabend war der Laden voll. »Man hat gemerkt, dass sich die Leute nach so was sehnen«, sagt Cäcilia Kohn. Inzwischen fragen so viele Künstler an, ob sie auftreten dürfen, dass die Termine für die nächsten zwei Jahre vergeben sind.

Mitten im Café steht ein Konzertflügel. Nachlass eines alten Stammgastes der Vinothek. An den Flügel setzt sich Cäcilia Kohn abends nach der Arbeit oder wenn gerade niemand da ist. Und einmal im Jahr zieht es sie in die Ferne. Südafrika. Marokko. Neuseeland. So viel Freiraum muss sein.

Mit dem Café schuf sich Cäcilia Kohn ihren persönlichen Freiraum. Jedes Detail trägt ihre Handschrift: Die Sitzbänke schreinerte sie aus Paletten, die Geschenkartikel, die sie verkauft, sollen sinnvoll sein – wie das Geschirr aus Bambus oder Bücher.

Käsekuchen

Der Liebling der Gäste

Zutaten für den Mürbeteig

125 g Butter plus etwas Butter für die Form
60 g Zucker
eine Prise Salz
ein Eigelb
250 g Mehl

Zutaten für die Füllung

450 ml Milch
1 EL Zucker
1 Päckchen Vanillepuddingpulver
1 kg Quark
150 g Zucker
1 Prise Salz
Mark einer halben Vanilleschote
5 Eier
50 g zerlassene Butter

Zubereitung

Für den Mürbeteig Butter, Zucker und das Salz mit den Händen in einer großen Schüssel kneten und glatt arbeiten. Eigelb und Mehl dazugeben und alles rasch zusammenwirken. In Folie wickeln und mindestens 30 Minuten kühl stellen.

Für die Quarkmasse aus Milch, einem Esslöffel Zucker und Puddingpulver nach Packungsanweisung einen Pudding zubereiten, abdecken und kühl stellen.

Den Backofen auf 180 °C vorheizen.

Den Quark mit 150 g Zucker, Salz, Vanillemark und Pudding mit einem Schneebesen verrühren. Die Eier nach und nach dazugeben, die Butter mit der Masse gut verrühren.

Eine gefettete Springform mit dem Mürbeteig auslegen, dabei einen Rand von etwa 2 cm hochziehen. Die Quarkmasse einfüllen und den Kuchen in den vorgeheizten Ofen schieben.

Nach etwa 20–30 Minuten geht die Quarkmasse auf, dann den Kuchen aus dem Ofen nehmen und abkühlen lassen, bis sich die Masse wieder gesetzt hat und eine glatte Oberfläche entstanden ist. Den Käsekuchen anschließend noch mal für etwa 20–30 Minuten bei 175 °C fertig backen.

2015

Tom Carstens

Der Schmied unternahm lange Bildungsreisen

Es war die Zeit, in der es nur drei Fernsehprogramme gab: Auf einem dieser Sender lief *Michel aus Lönneberga* und ein paar Sekunden lang trat ein Hufschmied auf. Fortan wusste der damals achtjährige Tom, was er einmal werden wollte: Hufschmied. In den nächsten Tagen spielte er zu Hause in Wolfratshausen Schmied, hämmerte die Aluhüllen von Teelichtern platt und später auf alten Eisenstücken herum. »Schmied«, sagt Tom Carstens, »hat mich schon immer fasziniert.« Und weil er Pferde liebt, »das sind die schönsten Lebewesen, die es gibt«, hat es nach dem Michel-Film klick gemacht.

Tom Carstens lernte Metallbauer und danach auf dem Gestüt Schwaiganger Hufschmied, wo er blieb, bis er 24 war. Das war 1997, Carstens war längst selbst Lehrmeister geworden und an den Wochenenden oft unterwegs zu Kunstschmieden in Österreich, der Schweiz, Holland, um von den Kollegen zu lernen und ein, zwei Tage mit ihnen zu arbeiten. Aber Carstens wollte mehr. Mehr sehen, mehr lernen. So verkaufte er seine Klamotten, Motorräder »alles, was sich zu Geld machen ließ« – bis auf seinen roten VW-Bus. Mit 2.000 Mark Startguthaben zog er los, zum Hefaiston, einem jährlichen Treffen der Metallgestalter in Tschechien. Von dort ging es weiter nach Oldenburg zu einem Designer und Schmied. Aus zwei Wochen wurden acht Monate. »Mir geht's gut, ich komme nächstes Jahr«, schrieb Carstens auf der Postkarte an seine Mutter. Er schrieb dies fünf Jahre in Folge. Von Oldenburg fuhr er zu einer Schulung nach Venedig. Dort lernte er den deutsch-tschechischen Kunstschmied Alfred Habermann kennen. »Den Schmiedepapst«, wie Carstens sagt. Etwa 300 Bewerber hatte dieser jedes Jahr, die seine Meisterschüler werden wollten. Habermann entschied sich für Carstens, und die beiden reisten gemeinsam, wohin die Aufträge sie führten: nach Luxemburg, Österreich, Russland. Skulpturen entwerfen, Denkmalgeschütztes restaurieren. »Da

TOM CARSTENS
Angerbreite 39 • 82541 Degerndorf bei Münsing • Tel.: 08171/267981
www.tomcarstens.de • Öffnungszeiten: nach Vereinbarung
TIPP Auf dem Butzmo-Hof vermieten Maria und Ludwig Derleder auch eine Ferienwohnung.

Tom Carstens' Tipp:

Die Bank vor der Maria-Dank-Kapelle Degerndorf und von dort über den Starnberger See schauen

habe ich vor allem viel in Stilkunde gelernt«, erzählt Tom Carstens. Später besuchte er Kollegen in Paris, Florida und der Ukraine: »Mir ging es darum, mit Leuten zu arbeiten, die ganz anders denken, ganz anders an ihre Arbeit rangehen. Das finde ich gigantisch.« In diesen Jahren lebte Carstens »im Augenblick und dachte nicht weit in die Zukunft«. So hätte es ein Leben lang weitergehen können, aber irgendwann wurde die Sehnsucht nach der Heimat groß: dem Starnberger See, der Isar. »Hier bin ich groß geworden.«

Der gebürtige Rheingauer eröffnete eine Werkstatt in Wolfratshausen. Er beschlug Hufe und schmiedete Schiebetüren und Eisengestänge für Filmkulissen: für den *Untergang* von Oliver Hirschbiegel, für *Nackt* von Doris Dörrie, auch eine Rakete für einen Film mit Tom Hanks.

Nach ein paar Jahren zog es Carstens raus aufs Land – und beinahe hätte ihn die Heimat wieder verloren: weil er keinen schönen Ort für seine Werkstatt fand. Nur in Industriegebieten »zwischen Glaspalästen« hätte es Räume für ihn gegeben. Und in Kanada und Kalifornien – befreundete Schmiede boten ihm an, dort ihre Werkstätten zu übernehmen. Eine einzige Chance gab Carstens der Heimat noch, er schaltete eine Anzeige und zum Glück meldete sich ein Degerndorfer Biobauer, auf dessen Hof, dem Butzmo-Hof, eine Halle leer stand. Seit 2008 schmiedet Carstens dort Skulpturen, Gartentore, Grabkreuze, das ganze Programm. Zwischendurch reiste er zu den Weltmeisterschaften der Kunstschmiede und wurde 2009 Vize-Weltmeister. Irgendwann sah ihn jemand auf einem Markt in Tutzing schmieden und fragte, ob er nicht Kurse geben wolle: für Unternehmen, die ihren Mitarbeitern ein besonderes Event ermöglichen und diese, nun ja, zusammenschweißen möchten. Für Laien, die Messer schmieden wollen. »Das Schmieden«, hat Carstens festgestellt, »erdet die Leute und bringt sie wieder runter. Wir sind so schnell geworden im Kopf, man kriegt rechts und links nichts mehr mit.« Die Schmiede, meint Carstens, habe etwas Heimeliges und erfülle die Sehnsüchte der Menschen. Und auch: »Eisen lehrt einen, Geduld zu haben. Wenn es heiß ist, lässt es sich zwar biegen wie Wachs, aber trotzdem geht nicht alles so, wie man es sich wünscht.«

Seine Werkstatt war Filmkulisse für Werbetrailer und Krimis, die *Sendung mit der Maus* war öfter da, sie war Begegnungsort für Prominente, wie die Schauspielerin Marianne Sägebrecht, den Regisseur Joseph Vilsmaier, den Liedermacher Harold Faltermeyer, den Schauspieler und gelernten Schmied Heinz Hoenig. Sie kamen zum Schmieden, hielten Lesungen oder gaben Konzerte.

Von all dem Glück, das der Schmied in seinem Leben erfahren hat, möchte Carstens etwas abgeben. Deshalb initiierte er zusammen mit Heinz Hoenig und dem Schmied Alfred Bullermann die Aktion »Schmieden für den Frieden«. Jedes Jahr stellen Schmiede auf allen Kontinenten der Welt 25 Zentimeter lange Nägel her, versehen mit der Friedenstaube und fortlaufend nummeriert. Die Nägel können dann an einem bestimmten Tag, meist um den 8. Mai, dem Tag, an dem der Zweite Weltkrieg endete, für 100 Euro das Stück gekauft werden. Das Geld geht an hilfsbedürftige Menschen oder gemeinnützige Projekte. Die Idee dahinter: »Die Welt zusammenschmieden.« Vielleicht funktioniert es.

Tom Carstens schmiedete Requisiten für Filmkulissen, ist Vizeweltmeister im Kunstschmieden und gibt Schmiedekurse: »Das Schmieden«, sagt er, »erdet die Leute und bringt sie wieder runter«. Zudem habe eine Schmiede immer etwas Heimeliges.

Anna Bellmann

Die Papierkünstlerin schafft filigrane Blütenwunder

Begonnen hat alles mit einer großen Reise. Im Jahr 2010 nahm sich Anna Bellmann ein fünfmonatiges Sabbatical. Statt am Bankschalter verbrachte die damals 26-Jährige die folgenden Wochen im russischen Kamtschatka, reiste durch unerforschte Wildnis und bestieg Vulkane. Sie fuhr mit der Transsibirischen Eisenbahn nach Moskau und besuchte ihren Freund in London. Gemeinsam verbrachten sie einige Wochen im kanadischen Nova Scotia, dann ging es allein weiter nach Südamerika. »Irgendwann will man gar nicht mehr aufhören, man wird richtig reisesüchtig.« Anna Bellmann blieb sieben Wochen in Brasilien bei einem Cousin ihres Vaters, Franz Baur. Dieser hatte vor Jahren zusammen mit einem Entwicklungsdienst in Teófilo Otoni im Bundesstaat Minas Gerais einen Kindergarten für Kinder aus den Favelas aufgebaut. Anna Bellmann half dort mit, spielte mit den Kindern.

Zurück in Holzhausen lud sie Freunde und Familie zu einem Fotoabend ein – was die Familie besonders interessierte, waren die Wochen in Brasilien. Sie fragten: »Wie ist's beim Franz?« Am Ende des Abends wollte Anna Bellmann allen Besuchern ein kleines Geschenk mitgeben. Wer mochte, konnte im Gegenzug etwas für das Kindergarten-Projekt spenden. »Das Geschenk musste etwas Einfaches, Schlichtes sein. Etwas, wo man aus Nichts etwas Schönes macht.« Die Holzhauserin erinnerte sich, dass sie schon als Kind gerne Papierschneidearbeiten gemacht hatte: Sterne, Fensterbilder. Papier und Cutter, sonst nichts.

So begann sie Windlichter zu schneiden. Schnitt Fenster in weißes Tonpapier und klappte die Fenster nach außen. Je mehr Lichter sie schnitt, desto abwechslungsreicher wurden sie. »Irgendwann ging das ins Florale über.« Dann kam Weihnachten und Anna Bellmann schnitt wieder ein Geschenk aus Papier: »Mein Mann und ich hatten uns mal versprochen, dass wir uns nur Selbstgemachtes schenken.« Weil sie damals eine Fernbeziehung führten, Holz-

ANNA BELLMANN
Keibichlstraße 5 • 82541 Holzhausen • Tel.: 08177/9294881 oder 0176/20162619 • www.anna-bellmann.com
Öffnungszeiten: nach Vereinbarung
TIPP Start der Wanderung: Brunnenstraße 2, 82541 Holzhausen

Anna Bellmanns Tipp:

Eine Gletschermoränen-Wanderung rund um Holzhausen: Dorfbrunnen – Nudlbergweg hinauf – am Wegkreuz rechts – dann rechts Richtung Dörfel – Hauptstraße überqueren – Holzhauser Kirche – Richtung Pfaffenkam – Ambacherstraße überqueren – durch den Wald über die Salchstattbachbrücke zurück

hausen/London, schnitt sie ihm den Plan der englischen Hauptstadt aus Papier: nicht maßstabsgetreu; die Orte, die ihnen besonders wichtig waren, Notting Hill, Portobello Road, ein Spazierweg an der Themse, waren besonders hervorgehoben. Geschnitten mit Teppichmesser und Cutter. Ihr Schwiegervater war vom Stadtplan so begeistert, dass er noch am Weihnachtsabend ein professionelles Skalpellset für Anna Bellmann bestellte: »Ab da war ich nicht mehr zu bremsen. Mit den Skalpellen schnitt es sich so schön!« Mutter und Schwester ermunterten sie Bilder zu schneiden. Die Schwester, Schneiderin Elisabeth Kozlov, bereitete gerade zusammen mit der Degerndorfer Goldschmiedin Regina Resch eine Ausstellung vor, Papierbilder als Ergänzung zu Kleidern und Schmuck wären perfekt.

Frei Hand und ohne Vorlage ritzt die Holzhauserin unzählige Blüten, Blätter und Knospen in das Papier, das Muster entsteht im Kopf: »Ich sehe vor mir, wie ich es machen muss.« Jeder Schnitt muss sitzen. Jeder Schnitt sitzt. »Es ist noch nie passiert, dass ein Bild nichts geworden ist.« Es ist eine Gabe.

Als Kind hat sie schon immer viel Kunstvolles erstellt. Getöpfert, genäht, Glas graviert, mit der Familie Fatschenkindl angefertigt, als Geschenke zu besonderen Anlässen: Die fünf Geschwister fädelten winzige Perlen auf Golddraht, fünfzigmal das gleiche Ornament. Die Kunst zum Beruf zu machen war schon immer eine Option für Anna Bellmann. Aber um nach der Mittleren Reife auf die Designschule gehen zu können, hätte sie damals volljährig sein müssen.

So blieb die Kunst ein Hobby: Sie sang jahrelang in einem Vokalensemble, jetzt ist das Papier ihr Abschalten vom Alltag: »Das ist wie

Meditation.« Und manchmal gibt es kein Halten, da muss es einfach raus aus ihr – wie nach der Geburt des ersten Kindes. Oder nach dem Umzug ins eigene Haus: »Erst als ich den ersten Schnitt gemacht habe, war ich angekommen.«

Das Spiel von Licht und Schatten macht ihre Bilder aus. Weiß auf weiß und doch nicht einfarbig. »Ein weißes Bild vor einer weißen Wand ist perfekt, das macht den Raum nicht kleiner«, findet Anna Bellmann. Sie experimentiert mit Cyanotypie, einer der ersten Fototechniken überhaupt. Damit gelingt, was sie beim Schneiden nicht vermag: noch diffizilere und besonders feine Silhouetten abzubilden. »Ich liebe Farne, aber die kann ich mit dem Skalpell in ihrer Filigranität nicht schneiden.« Mit der Fototechnik gelingt das – aber die ist aufwändig: Anna Bellmann muss Blätter, Blüten und Gräser sammeln, pressen. Das Papier, auf dem gedruckt wird, mit einer lichtempfindlichen Lösung behandeln. Und dann muss das Wetter passen: »Ich belichte mit der Sonne, die UV-Einstrahlung muss genau stimmen.« Von zehn Cyanotypien gelingt oft nur eine. »Das sind die Sachen, von denen ich mich am schwersten trennen kann.«

Es kommen Anfragen für Kalender und Magazine, von Privatleuten und Behörden. Für einen Hersteller, der Museumsshops ausstattet, designte sie Windlichter; sie war bei einer Papierausstellung in Deggendorf dabei, in der 94 Papierkünstler aus aller Welt ausstellten. Der größte Auftrag bisher: Ein Luxushotel in Monaco orderte acht große Bilder von ihr. Jetzt reisen ihre Bilder hinaus in die Welt.

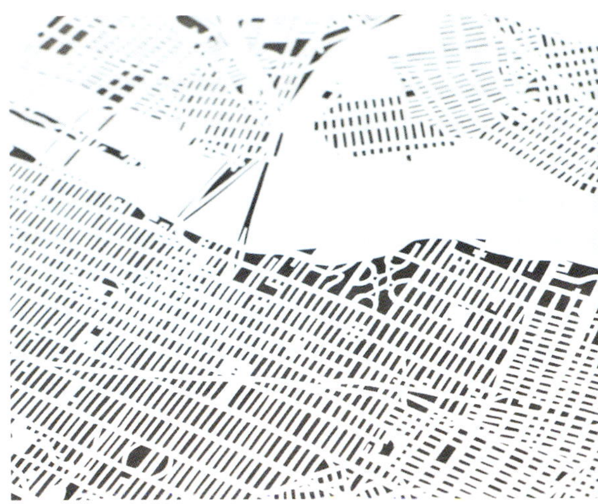

Anna Bellmann schneidet Blüten, Blätter und Knospen in das Papier oder experimentiert mit Cyanotypie, einer Fototechnik, die den Hintergrund Blau färbt. Auch Stadtpläne schneidet sie aus Papier – besondere Plätze, sind hervorgehoben.

Corinna Post

Die Töpferin lässt ein altes Handwerk weiterleben

Corinna Post hat es bis zur eigenen Tafel am Maibaum gebracht. Und das als gebürtige Rheinländerin, mitten in Bayern. Das will was heißen, denn so eine Auszeichnung bekommt nicht jeder. Töpferin Post, die sich nicht gern in den Mittelpunkt drängt, erwähnt dies nur am Rande.

Das Leben hat sie nach Holzhausen am Starnberger See geführt, keine 1.000 Einwohner, Kirche, Schmied, Bauern und Feuerwehr. 41 Jahre alt war sie da, zwei Kinder, freischaffende Kunsthandwerkerin.

Sie eröffnet 1996 in einer kleinen Garage neben ihrer Wohnung eine Töpferwerkstatt, später zieht sie in die alte Schmiede in der Ortsmitte von Holzhausen ein. Sie gibt Töpferkurse und fertigt Gebrauchskeramik: Tassen, Schalen, Weinkühler. Fragil und leicht. »Tassen sollen funktionieren, nicht irre aussehen«, sagt sie. »Man muss den Tee oder den Kaffee im Mund haben, nicht das Gefäß. Das muss in der Hand schweben.«

Dass Corinna Post die Arbeit mit Ton zu ihrem Beruf machen wollte, merkte sie während eines Sozialpraktikums am Ende ihrer Schulzeit: Das verbrachte sie Anfang der 70er-Jahre in England, wo sie in einem Dorf der anthroposophischen Camphill-Bewegung mit geistig behinderten Erwachsenen arbeitete. Jede Menge Werkstätten gab es dort, auch eine Töpferwerkstatt. »Ton«, so hat Post erfahren, »bringt den Menschen zu sich. Man muss in seinen Händen sein, ganz bei sich und konzentriert.« Töpfern erdet – ideal, um diese Handwerkskunst als Therapie einzusetzen. Das war Posts Ziel.

Sie macht in einer großen Töpferei in Nürmbrecht eine Lehre, wo sie lernt Ton zu gießen, zu stanzen und an der Scheibe zu drehen. Sie lernt dieses uralte Handwerk zu verstehen – und will sich dann von ihm befreien. Ihre eigene Sprache finden, sich selbst finden. Deshalb geht Corinna Post nach der Lehre an die Kunstakademie in München: »Ich wollte mich mit Form und Farbe beschäftigen, losgelöst von

CORINNA POST

St. Heinricher Str. 5 • 82541 Holzhausen am Starnberger See • Tel.: 08177/997900
www.toepferei-corinna-post.de • Öffnungszeiten: Do–Sa 11–19 Uhr
TIPPS *Café Waldhauser*, Brunnenstraße 28a, 82541 Holzhausen
Fischmeister, Seeuferstr. 31, 82541 Ambach

Zweck und Gebrauch.« Am Ende des Studiums war der therapeutische Berufswunsch in die Ferne gerückt, die Künstlerin in ihr setzte sich durch. Sie hat ihren Weg und ihre Sprache gefunden. Sie genießt es, wenn ihre Hände formen, was im Kopf Gestalt angenommen hat. »Diese Mischung, aus dem, was mal war, was gut ist, was im Gebrauch tauglich ist und was in mir lebt, kommt jetzt zur Geltung.«

Die Töpferin liebt es, wenn sie still und unbeobachtet vor sich hinarbeiten kann, oft sitzt sie am Abend an der Scheibe, dreht Becher und Tassen und hört Hörspiele. Sie liebt es, sich Gedanken zu machen über die perfekte Form, das logische Viereck einer Butterdose, die kühlende Funktion von Ton. Sie liebt es gar nicht, auf Märkte zu gehen, im Schnee und Hagel, und sich dort bekannt zu machen, anzubieten. »Meine Gefäße sind schlicht, sie schreien nicht hervor.« Auf einem Markt, so meint Corinna Post, würde sie nicht auffallen.

Aber ein Künstler muss auf sich aufmerksam machen, wenn er von seiner Kunst leben will. So schuf sich Post einen Markt nach ihrem Geschmack: Zusammen mit der Kunstkeramikerin Sabine Severin und dem Lichtdesigner Gregory Prade, beide ebenfalls aus Holzhausen, überlegte sie, wie es wäre, wenn alle Holzhauser eine gemeinsame Ausstellung machten. Finanzierbar, überschaubar, vor Ort, zwei Tage lang. Der Plan: alle, aber wirklich alle Bewohner des Ortes einzuladen mitzumachen. »Holzhauser stellen aus«, war der Titel. »Mal gucken, was los ist im Dorf und was passiert, wenn alle zusammenhalten«, war die Idee. Und es war mehr

Corinna Post genießt es, wenn ihre Hände formen, was im Kopf Gestalt angenommen hat. Dort, wo sie ihre filigranen Tassen und Vasen fertigt, entstand schon immer altes Handwerk. Die Töpferei ist in der alten Schmiede von Holzhausen untergebracht.

los, als sich die Initiatoren hatten vorstellen können. Sie wussten nicht, dass es äußerst geschickte Herrgottsschnitzer im Ort gibt, etwa den Herbert Haberl. Dass es einen Strickclub gibt, der nach alten Mustern Wadelstrümpfe, Pullover, Janker strickt. Dass der Zimmermann Peter Braun ein passionierter Gärtner ist, der stolz ist, wenn man seinen herrlichen Garten besichtigt. Die Dorfbewohner schauten neugierig in die Werkstätten von Schmied Rudolf Werner oder in die Töpferei von Corinna Post. Bauern öffneten ihre Scheunen, buken Brot und Kuchen, Kinder bastelten Tischdekoration und gravierten Gläser. So manches, was bei »Holzhauser stellen aus« zum ersten Mal zu sehen war, ist heute fester Bestandteil des Dorfes: Etwa der Trachtenladen, den der Polsterer Martin Weber eröffnete, weil so ein Geschäft immer schon sein Traum war. »Das hat einige ermutigt, ihre Träume auszutesten«, sagt Corinna Post.

Alle zwei Jahre im Juli öffnen sich jetzt Häuser, Höfe, Ateliers und Werkstätten. Die Bauern stellen ihre Wiesen als Parkplätze zur Verfügung, die Feuerwehr regelt den Verkehr. All das funktioniert, weil der Ort die richtige Größe hat; weil das Dorf eine praktische Linienführung hat, sodass man auf einem Rundweg an allen Stationen vorbeikommt, und weil im Dorf schon immer eine gute Gemeinschaft herrschte – und die Holzhauser gern gefeiert haben. Anlässe gibt's genug: vom Fußballturnier bis zur Maifeier.

Das Maibaumschild mit der Töpferin an der Scheibe hat natürlich auch ein Holzhauser gemalt. Der Lithograf und Maler Josef Haberl. Dafür ist Corinna Post sogar Modell gesessen.

Corinna Posts Tipp:

Kaffeepause im *Café Waldhauser*, dann an der Kirche St. Johann Baptist und Georg vorbei nach Schloss Oberambach, durch den Wald hinunter zum See, weiter zum *Fischmeister* über Seeheim zurück nach Holzhausen

SainerZeit – Café der schönen Dinge

Daniela Sainer und Anja Geßner bringen Leben ins Ortszentrum

Ein Glück, dass sich in Seeshaupt so viele kennen. So wussten Daniela Sainer und Anja Geßner gleich, wen sie ansprechen mussten, als sie das Konzept für ihr Café austüftelten: Denn in ihrem Café sollte es nicht nur leckere Dinge geben, sondern auch schöne Dinge – und zwar aus der Region, am liebsten aus Seeshaupt. Auf der Karte stehen Kaffee von der Seeshaupter Rösterei Röstperle, heiße Schokolade aus Bernried. In den Regalen liegen Keramiken der Töpferin Michaela Prietzel, Filzsitzkissen aus Schafwolle sowie mit Zirbenholzspänen und Schafwolle gefüllte Kissen der Schafzüchterin und Kunsttherapeutin Verena Hausmann. Das steinerne Tictactoe-Spiel, die Grillsalze und Betonschalen von handFESDes – die Großbuchstaben sind die Initialen der Seeshaupterinnen Franca, Eva, Sabine, Daniela. Griechische Feinkost, in Seeshaupt nach alten Rezepten eingekocht, Obstler der Gebrüder Veith aus Jenhausen. Die Fotokunst an der Wand ist von Robert Sainer, dem Mann von Daniela Sainer.

Eineinhalb Jahre lang stand das 200 Jahre alte Gebäude in der Hauptstraße leer: Einst Wohnhaus, dann Metzgerei und später Schreibwarenladen samt Touristeninformation. In dem früheren Schlachthaus ist seit 2017 das Bürgerzentrum untergebracht, hinter dem Haus ein Garten: das »Bürgerplatzl« mit Boulebahn, Tischen und Bänken. Er sollte die Seeshaupter zum Verweilen einladen – aber wer setzt sich schon mitten am Tag auf ein Stück Grün mitten im Ort? Wenn er dort nichts zu trinken kaufen kann?

Daniela Sainer, gelernte Hotelkauffrau und Ergotherapeutin, und Anja Geßner, Biologin und Online-Redakteurin, hatten schon länger überlegt, sich gemeinsam selbstständig zu machen. Die beiden Schwägerinnen waren wegen der

SAINERZEIT – CAFÉ DER SCHÖNEN DINGE
Hauptstraße 4 • 82402 Seeshaupt • Tel.: 08801/395 02 94 • www.sainerzeit.de
Öffnungszeiten: Mo–Mi 9–17 Uhr, Donnerstag Ruhetag,
Fr 15–22 Uhr, Sa–So 10–17 Uhr
TIPP Startpunkt *Gasthof Seeseiten*, Seeseiten 3, 82402 Seeshaupt

Kinder nach Seeshaupt gezogen, dorthin, wo auch ihre Eltern lebten. Sie hatten keine Lust mehr auf ein Pendeln zur Arbeit. Ihr Wunsch: Am liebsten selbstständig arbeiten, am liebsten in Seeshaupt. Ein eigener Laden sollte es sein. Sie besuchten 2014 ein Existenzgründungsseminar, spielten mit der Idee, einen Secondhandladen samt Mini-Café zu eröffnen, aber die Miete für den Raum, den sie damals im Auge hatten, schreckte sie ab. Die Zeit verging. Anja Geßner bekam ein zweites Kind. Dann schloss der Schreibwarenladen, das Haus stand leer. Ein Jahr, anderthalb Jahre. Da sagte Daniela Sainer zu ihrer Schwägerin: »Wir müssen da was machen und uns bewerben!« Im Herbst 2017 präsentierten sie der Gemeinde, der das Haus gehört, ihr Konzept samt Businessplan. Und sie boten an, zu den schönen und leckeren Dingen aus der Region gleich noch die schönen Ecken der Region zu präsentieren: So übernahmen sie auch die Touristeninformation.

Fehlte noch der Name. Der war gefunden, als Daniela Sainer im Zug fuhr und einem Gespräch lauschte, in dem das Wort »seinerzeit« fiel. Das passte zum alten Haus und zum Look: Möbel und Küche gebraucht gekauft, die Tische, Türen und Rahmen im Vintage-Look gestrichen. Im Sommer 2018 eröffnete das *SainerZeit.*

Am Eröffnungstag reichten Geßner und Sainer Häppchen mit Aufstrichen: Olivenpaste, Fetacreme und Gorgonzola-Birnen-Aufstrich. »Eigentlich bin ich nicht der Gorgonzola-Fan«, sagt Anja Geßner, »aber dieser Aufstrich ist wirklich lecker und geht ganz schnell.« Am nächsten Tag kam die Besitzerin eines Beklei-

Der Name *SainerZeit* passt zum alten Haus, in dem das Café untergebracht ist und zum Look: Möbel und Küche haben die beiden Schwägerinnen Anja Geßner und Daniela Sainer gebraucht gekauft, Tische, Türen und Rahmen im Vintage-Look gestrichen.

dungsladens in der Straße und fragte, ob sie nicht eine herzhafte Brotzeit zum Mitnehmen hätten. Die Aufstriche seien so lecker gewesen. Seither kommt sie jeden Tag, lässt sich überraschen, was Anja Geßner und Daniela Sainer ihr in die Brotzeitbox packen. Gekocht und gebacken wird alles selbst – weil sie schon immer gerne buken, Daniela Sainer am liebsten Käsekuchen, Obstkuchen Anja Geßner. Die Marmeladen für das Frühstück sind selbst eingekocht, sogar das Müsli ist selbst zusammengemischt. »Uns ist wichtig, dass wir etwas Besonderes anbieten und das Sortiment ein bisschen ungewöhnlich ist«, sagt Anja Geßner.

Es ist, als habe das Café gefehlt, um das Ortszentrum lebenswerter zu machen. Die Boulespieler, die sich jeden Samstag treffen, freuen sich, dass sie sich im Café etwas zu trinken holen können. Bei den Filmabenden im Bürgerzentrum muss auch niemand mehr Durst haben. Im Café soll eine Büchertausch-Ecke zum Verweilen einladen, es gibt Workshops, einmal im Monat eine Musikveranstaltung und Lesungen: Stefanie Knittl aus Tutzing las aus dem Buch *Häuser erzählen Geschichten*: Es stellt Häuser und Villen vor, die ihre Vorfahren aus der Baumeisterfamilie Knittl gebaut haben. Die Autorin Renate von Fraunberg ließ von den schönsten Ansichten aus einem ihrer Bücher über Seeshaupt Postkarten drucken, die es nun im *SainerZeit* zu kaufen gibt. Der Maler Reiner Wagner, dessen Enkelkinder mit Sainers Tochter in den Kindergarten gehen, spendierte Postkarten seiner Gemälde, mit Motiven aus dem Alpenvorland. Gut, dass man sich kennt.

Tipp der Schwägerinnen:
Vom Seeshaupter Ortsteil Seeseiten aus nach Bernried spazieren, immer am See entlang und mit dem Schiff zurückfahren

Roggensemmeln mit Gorgonzola-Creme

Der Brotaufstrich, der am Eröffnungstag nicht nur die Boutique-Besitzerin begeisterte

Zutaten für die Brötchen

100 g Roggenmehl
400 g Weizenmehl
340 ml lauwarmes Wasser
½ Würfel Hefe
½ TL Salz
Kürbis- oder Sonnenblumenkerne zum Verzieren

Zutaten für den Aufstrich

200 g Gorgonzola
250 g Frischkäse
Salz & Pfeffer
1 Birne zum Garnieren

Zubereitung

Alle Zutaten mischen und gut durchkneten. Teig zugedeckt mindestens 10 Stunden (am besten über Nacht) im Kühlschrank gehen lassen. Am nächsten Morgen daraus 8–10 Semmeln formen und wahlweise mit Kürbis- oder Sonnenblumenkernen bestreuen. Bei 250 °C auf der mittleren Schiene etwa 20 Minuten kross backen.

Gorgonzola und Frischkäse miteinander verquirlen und mit Salz und Pfeffer abschmecken.

Birne waschen, vierteln und entkernen. In Spalten schneiden und die Creme damit garnieren.

Bernrieder Hofladen

Gabriele Schuller hat sich einen Traum erfüllt

Eigentlich war Gabriele Schuller auf der Suche nach einem Holzofen: Sie wollte Brot backen, so wie sie das aus Kindertagen von ihrer Oma kannte. Schuller recherchierte und fand eine Firma, die solche Öfen für den Privatgebrauch vertrieb. Aber auch Nudelmaschinen. Und damit fing alles an. Denn statt eines Holzofens kaufte Schuller die Nudelmaschine; eine, die gleich drei Kilo Hartweizengrieß auf einmal verarbeiten kann. Statt Brot für ihre Familie zu backen, so die Idee, könnte sie doch Nudeln machen und verkaufen.

Die Bernriederin experimentierte wochenlang an den Rezepten: mit Hartweizengrieß und Ei, mit Hartweizengrieß ohne Ei, mit Buchweizen, mit verschiedenen Kräutern. Sie formte Kurznudeln und Bandnudeln und ließ immer wieder Freunde, Nachbarn und befreundete Köche probieren. Die waren begeistert und so wurde die Gästewohnung im Souterrain des Hauses zur Gewerbeküche umfunktioniert. Gabriele Schuller kaufte eine noch größere Nudelmaschine und einen Trockenschrank: »Ich bin Perfektionistin und wollte sicherstellen, dass die Ware top ist.« Die Pasta nur an der Luft zu trocknen schien ihr zu unsicher. Jetzt hängt Gabriele Schuller zuerst jede Bandnudel einzeln auf einen Holzständer zum Vortrocknen, dann kommen diese in den Trockenschrank, wo sie 30 Stunden bei 30 °C vor sich hintrocknen dürfen.

Verkauft hat sie die Nudeln erst mal von zu Hause, »aber das war keine Dauerlösung«. Gabriele Schuller hatte gehört, dass im alten Hofgut Bernried ein Hofladen eröffnen würde. Selbst gemachte Nudeln würden gut ins Sortiment passen, dachte sie. Der Plan klang gut, doch dann zogen die damaligen Hofgutverwalter, die den Laden führen wollten, weg. Der Laden drohte eine Idee zu bleiben. Bis Gabriele Schuller im Oktober 2016 den Eigentümer anschrieb, das fast fertig renovierte Gewölbe besichtigte und beschloss, den Hofladen samt

BERNRIEDER HOFLADEN

Tutzinger Straße 12d • 82347 Bernried • Tel.: 08158/9048777
www.bernrieder-hofladen.de
Öffnungszeiten im Sommer: Di–Sa 9–19 Uhr, So und Feiertag 14–19 Uhr,
Montag Ruhetag – auch an Feiertagen; Winteröffnungszeiten siehe Internet
TIPP Museum der Phantasie, Am Hirschgarten 1, 82347 Bernried

Gabriele Schullers Tipp:

Besuch im Museum der Phantasie und ein Spaziergang im angrenzenden Schlosspark

Café selbst zu eröffnen. Ohne Businessplan. Ohne Erfahrung im Verkauf und in der Gastronomie. Dafür mit viel Wissen über Finanzen, Personal und Marketing.

Schuller, die 1982 mit 14 Jahren zusammen mit ihren Eltern und dem Bruder nach Kanada ausgewandert war, hatte dort ein Studium in Business Administration abgeschlossen. Als sie 26 war, zog sie wieder zurück an den Starnberger See. Jahrelang arbeitete sie in der Verwaltung und als Personalleiterin eines mittelständischen Unternehmens, zuletzt in der evangelischen Akademie in Tutzing. »Nach so langer Zeit in der Verwaltung wollte ich mich verändern.« Geträumt hat sie immer von einem Bauernhof mit Laden und Café und im Garten Apfelbäume, unter denen die Hühner picken. Den Hofladen samt Café hat sie jetzt, nur aus dem Bauernhof ist ein Schlossgut geworden. Selbstständig wollte sie schon lange arbeiten – und als sie die Nudelmaschinen entdeckte, war der Weg klar. Neben den Nudeln liegen in den Regalen Honig, Apfelsaft und Schokolade von der *Manufaktur Clement Chococult* aus Bernried, Käse und Fleisch stammen vom Hofgut selbst, auch Räucherfisch und Angusrind kommen aus dem Ort. Den Wein liefert der Feldafinger Zahnarzt Nikolaus Buchheim, er stammt von dessen Weingut in der Toskana. Das Eis bringt die *leveni Eismanufaktur* aus Weilheim, die Kuchen bäckt werktags eine Konditorei, am Sonntag sind sie hausgemacht. Schullers Schwägerin, eine eifrige Hobbybäckerin, steht jedes Wochenende in der Küche des Ladens. »Selbst gebacken passt besser zum Hofladen«, findet Schuller. Irgendwann, so hofft sie, backen sie auch unter der Woche selbst. Sie ist damit aufgewachsen, dass man verarbeitet, was die Natur einem gibt: Von ihrer Mutter lernte sie, wie man Marmeladen einkocht und

Obst einweckt. Saisonal und regional, das ist Schullers Konzept. Sie sagt: »Ich versuche zu fördern, was geht.« Und das gilt nicht nur für die Hersteller regionaler Lebensmittel. Auch einheimische Designer und Künstler dürfen im Laden ihre Werke verkaufen: die Bernrieder Möbelbauer Margherita Croci und Sascha Klingholz von *forma+* ihre kleinen Hocker oder Tische oder der Penzberger Hubert Walter von *HWHolzdesign* seine Holzfiguren.

Seit dem ersten Tag boomt der Laden, erzählt Schuller. Touristen und Einheimische kommen zum Einkaufen und Kaffeetrinken, Firmen und Ministerien zum Betriebsausflug. Aus der Teilzeit ist Schuller in eine Mehr-als-Vollzeitstelle gerutscht: »Das macht nichts, wir werden mit Komplimenten überschüttet, das gibt so viel positive Energie.« Trotzdem war das erste Jahr hart: Buchhaltung vorbereiten, die 10–15 Mitarbeiter einarbeiten, Barista-Kurse besuchen, Waren bestellen, Nudeln fertigen, verkaufen und bedienen. »Ich hatte im ersten Jahr fast kein Privatleben: Ich war viel mehr im Geschäft als zu Hause.« Inzwischen hat sich alles eingespielt, jetzt sind auch ein paar Tage Urlaub drin. »Ich brauche immer eine Aufgabe, die mich reizt und beschäftigt«, sagt Schuller, »sonst wird mir langweilig und mir fällt das nächste Projekt ein.« Ein paar Ideen hat sie schon wieder – aber erst mal wird sie künftig noch mehr Nudeln machen: Für den Hofladen *Andechser Wildspezialitäten*, der die Starnberger-See-Nudeln ins Sortiment aufgenommen hat. Sie werden dann Ammersee-Nudeln heißen.

Gabriele Schuller hat immer von einem Bauernhof mit Laden und Café geträumt. Den Hofladen hat sie jetzt, in den Regalen liegen Produkte aus der Region, Honig, Wein und selbst gemachte Nudeln. Statt dem Bauernhof ist es aber ein Schlossgut geworden.

Schoko-Beeren-Torte

Diese Torte ist der Lieblingskuchen von Gabriele Schullers Nichte und Neffe.

Zutaten für den Teig
6 Eier
125 g Zucker
100 g gemahlene Haselnüsse
10 g Kakao

Zutaten für die Füllung
2 cl Nusslikör
100 g Waldfrucht-marmelade

Zum Dekorieren
150 g Halbbitter-Kuvertüre
3 Becher Sahne á 200 g
3 Päckchen Sahnesteif
Sahne für die Sahnetuffs
Blaubeeren, Himbeeren oder Johannisbeeren
Schokosticks

Zubereitung

Die Eier trennen, das Eiweiß sehr steif schlagen. Eigelb mit Zucker schaumig rühren. Nüsse, Kakaopulver und den Eischnee unterziehen.

Den Teig in eine mit Backpapier ausgelegte Springform (Durchmesser 26 cm) füllen und bei 180 °C etwa 40 Minuten backen, abkühlen lassen.

Tortenboden einmal waagrecht durchschneiden. Den unteren Boden mit dem Likör beträufeln und mit der Marmelade bestreichen. Die obere Hälfte daraufsetzen.

Kuvertüre klein hacken, Sahne aufkochen, Kuvertürestückchen darin schmelzen und anschließend im Kühlschrank ganz kalt werden lassen. Dann die Masse cremig rühren und mit Sahnesteif sehr steif schlagen. Die Schokoladensahne dick auf die Torte auftragen und die Ränder damit bestreichen. Torte mit Sahnetuffs, Beeren und Schokosticks verzieren.

Café Käthe

Jens und Jana Hassel machen manches ein wenig anders

Als Jens und Jana Hassel von ihren Jobs genug hatten, sagten sie sich: »Jetzt eröffnen wir ein Café.« Nicht, dass sie unglücklich gewesen wären als Zimmerer und Bilanzbuchhalterin. Aber irgendwann mochte Jens Hassel nicht mehr auf Dächer klettern, Brunnen im Nymphenburger Schlosspark und der Münchner Residenz einhausen und nach dem Winter wieder auspacken. Und Jana Thieme-Hassel ertrug die Monotonie des Jobs nicht mehr und vor allem den Ton, der in vielen Firmen herrschte: »Nach oben buckeln und unten treten«, sagt sie. 2002 war die gebürtige Berlinerin für den Beruf nach Bayern gekommen, Lenggries zunächst. Sie pendelte immer wieder in die Hauptstadt und durch die Welt, lernte ihren Mann kennen, geboren im Harz, aufgewachsen in Berlin. Im Jahr 2008 zog auch er nach Oberbayern, vier Jahre später ließen sie sich gemeinsam in Tutzing nieder. Den Traum vom Café hatten sie schon länger. »Ein bunter Ort, der die Vielfalt der Gesellschaft zeigt«, schwebte ihnen vor. »Das ist halt unser Berliner Hintergrund«, sagt Jana Thieme-Hassel. »Ich bin mit dem Spruch groß geworden, ›jeden nach seiner Façon glücklich werden lassen‹.«

Etwas anderes sollte es sein »in der Welt der Gleichförmigkeit und des italienischen 0815-Designs mit Kunstlederstühlen«, sagt die Berlinerin. Im *Käthe* soll man abschalten, den Blick wandern lassen und guten Kaffee trinken. Und zu erblicken gibt es viel: Eine Sammlung von Porzellankannen und Kaffeemühlen auf Borden und Regalen, das Blümchenporzellan in der Vitrine, geschwungene Sessel, kariert-gepolsterte Stühle, Blumen in bunten Blechübertöpfen, die Holzhobellampe und die Metallrose – Upcycling-Unikate, die man im Café erwerben kann, gestaltet von Wolfgang Simon, einem Freund des Paares aus Tutzing. Die Rückenlehne einer Bank, einst ein Fensterladen. Die weiße Kinderbank, die früher einmal ein Bett war. Der gelernte Zimmerer Jens Hassel hat die Stühle selbst gepolstert, die Tische restauriert, die Bänke gezimmert und gestrichen. »Ich kann einfach nichts Altes wegschmeißen«,

CAFÉ KÄTHE

Hallberger Allee 14 • 82327 Tutzing • Tel.: 08158/907 19 71
www.cafe-kaethe.com • Öffnungszeiten: Di–Sa 9–17 Uhr
TIPP Start der Wanderung: Dampfersteg Schloßstraße, 82327 Tutzing

sagt Hassel, »die Sachen haben ja eine Geschichte.«

Auch der Kaffee sollte kein 0815-Kaffee sein – sondern ein Genuss. Er stammt von einer kleinen Berliner Rösterei. Die Bohnen, die Hassels dort bestellen, werden extra für ihr Café geröstet, langsame Handröstung bei niedrigen Temperaturen, und dann verschickt. »Unser Kaffee ist höchstens zwei Wochen alt.« Fair und direkt gehandelt sind die Bohnen natürlich auch. Das hat seinen Preis, aber auf der Karte schlägt sich das nicht nieder. »Bei Klamotten schauen die Leute inzwischen auch, wo sie herkommen. Und wir wollen zeigen, dass das auch im Gastronomiebereich geht«, sagt das Paar. Die Eier stammen von einem Hof am Ammersee, »der so wirtschaftet, wie wir uns das vorstellen«. Sie kommen als Rührei auf den Tisch – das Rezept ist geheim, verraten hat es Hassel ein Freund, der bei einem Sternekoch als Chefkoch arbeitete. Die Karte ist übersichtlich: Frühstück und Kuchen, dazu passende Getränke. Kein Bier, keinen Wein, nicht einmal Prosecco, den hätten manche Frauen schon gerne zum Frühstück, erzählt die Berlinerin: »Aber wir sind da konsequent, das Konzept wird nicht geändert.«

Blieb nur ein Problem: die Kuchen. »Wer soll die backen?«, fragte Jana Hassel ihren Mann. »Du«, antwortete der. »Dabei habe ich backen gehasst«, erzählt Hassel – aber es blieb ihr nichts anderes übrig, hausgemacht war schließlich der Anspruch. Also stellt sie sich seither morgens in die Küche und rührt die Teige nach alten Familienrezepten zusammen. Mittlerweile findet sie backen richtig meditativ und

Wer im *Café Käthe* seinen Blick wandern lässt, entdeckt eine Sammlung alter Porzellankannen und Kaffeemühlen hinter dem Tresen, selbst gepolsterte Stühle und selbst gebaute Bänke – wie die türkise Bank, deren Rückenlehne einst ein Fensterladen war.

entspannend. »Erstaunlich, das hätte ich selbst nicht gedacht.«

2015 eröffnete das Café. Manches ist gekommen, wie Hassels sich das erträumt haben, anderes mussten sie erst lernen: dass auch Kaffeekochen manchmal sehr anstrengend ist, dass der Verdienst bescheiden ist. Doch die Gästeschar ist bunt, wie Hassels sich das gewünscht haben: Die Senioren, die ihren Kuchen kaufen und mit nach Hause nehmen, die hippen Münchner, die nach einem Ausflug an den Starnberger See hier ihren Kaffee trinken. Einmal im Monat kommt die Demenzgruppe vorbei »und wenn die sagen, ›nö, den Kuchen habe ich aber nicht bestellt‹, dann nehmen wir ihn halt wieder mit«. Im Service arbeitet eine geistig-körperlich behinderte Frau, »weil ich die Mission habe, mehr machen zu wollen als andere«, erzählt Jana Thieme-Hassel. »Ich habe so viele schlimme Zustände in den Firmen gesehen: Mobbing, Gegeneinander, nach unten treten. Und wer nicht mitmacht, muss gehen. Christliche Werte werden oft nicht gelebt.« So beschlossen Hassels, das anders zu machen: »Wir wollen miteinander arbeiten und auch mit Menschen, die es schwerer haben.«

Zweimal im Jahr gibt es einen kleinen Markt auf der Terrasse des Cafés. Frauen aus Tutzing und Umgebung verkaufen, was sie selbst hergestellt haben: Häkelmützen, Marmeladen, Babyklamotten, Türkränze. Eine Mundart-Geschichtenerzählerin ist regelmäßig zu Gast.

Warum das Café *Käthe* heißt? Nach Jens Hassels Oma, zu der er ein sehr enges Verhältnis hatte. Dass die Oma eigentlich Katharina hieß, las er erst auf ihrem Grabstein.

Jens & Jana Hassels Tipp:

Ein mondäner Spaziergang am See entlang: Start am Dampfersteg Tutzing, in Garatshausen am Schloss der Fürstin Gloria von Thurn und Taxis vorbei, bis zur Albersvilla nach Feldafing oder zum Schloss Possenhofen. Mit der S-Bahn zurück

Mohn-Mandarinen-Streusel von Oma Lene

Mit diesem Kuchen ist Jana Hassel groß geworden.
Im *Café Käthe* ist er stets schnell ausverkauft.

Zutaten für den Mürbeteig
(für eine Springform mit 28 cm Durchmesser)
100 g Zucker
1 Ei
130 g Butter oder Margarine
1 Päckchen Vanillezucker
1 Prise Salz
240 g Mehl
1 TL Backpulver

Zutaten für die Mohnmasse
½ l Milch
125 g Margarine oder Butter
100 g Zucker
1 Päckchen Vanillezucker
1 Prise Salz
65 g Grieß
125 g gemahlenen Mohn
2 kleine Dosen Mandarinen

Zutaten für die Streusel
200 g Mehl
100 g Zucker
100–120 g Butter

Zubereitung
Alle Zutaten für den Mürbeteig zu einer Masse verkneten und den Boden einer gefetteten Springform damit auslegen.

Für die Mohnmasse Milch, Butter, Zucker, Vanillezucker und Salz zusammen aufkochen. Den Grieß einrieseln lassen und etwas ausquellen lassen. Den Mohn untermengen. Die Mandarinen abtropfen lassen und vorsichtig in die Grieß-Mohn-Masse unterheben. Mohnmischung auf den Mürbeteig geben.

Für die Streusel Mehl, Zucker und Butter verkneten und über die Mohnmischung streuen.

Bei 180 °C auf der mittleren Schiene etwa 45 Minuten backen.

Johannes Hofbauer

Der Drechsler kam auf Umwegen zum Holz

Eines wusste Johannes Hofbauer als Kind ganz bestimmt: Mit Holz wollte er nie arbeiten. Sein Vater war Schreiner und Hofbauer und seine fünf Geschwister mussten immer die Werkstatt aufräumen. Und der Vater war streng mit den Kindern. »Das war nicht lustig«, sagt Hofbauer, geboren 1956. In dem wenige Tausend Einwohner zählenden Markt Pfeffenhausen in Niederbayern, wo er aufgewachsen ist, waren die Lehrstellen rar. Die Schreinerlehre beim Vater schied aus, also wurde Hofbauer Maurer. Er zog nach München, arbeitete auf dem Bau und ging immer wieder auf die Handwerksmesse: Er mochte es, den Schmieden und Töpfern an ihren Ständen bei ihren Vorführungen zuzuschauen. Als er einen Drechsler bei seiner Arbeit beobachtete, war er so fasziniert davon, dass er dachte, »das will ich auch ausprobieren«.

Es fügte sich, dass Hofbauer kurz darauf im Englischen Garten einen früheren Schulkameraden traf, der bei einem Drechsler in Ausbildung war und der ihm dessen Hinterhofwerkstatt im Glockenbachviertel zeigte. Zur gleichen Zeit zog Hofbauer mit seiner Freundin zusammen, und beiden gefielen die Möbel nicht, die es zu kaufen gab. So begann Hofbauer selbst Regale, Tische und Betten zu bauen. Und eine Heuschreckenschaukel für die neugeborene Nichte. »Da zeigte sich schon, dass ich eine kreative Ader habe.«

Es ergab sich, dass Johannes Hofbauer 1982 gefragt wurde, ob er nicht in jener Werkstatt im Glockenbachviertel eine Lehre als Drechsler machen wolle. So kehrte er mit 26 Jahren zum Holz zurück, dem er einst den Rücken zugewandt hatte. Auf den Gesellen folgte der Meister, dazu ging er an die Fachhochschule für Design in Hildesheim und an die Meisterschule in Hannover.

Während seiner Hildesheimer Zeit arbeitete er in einer Drechslerei, sein Job war es, angekokelte Holzteller für gedrechselte Leuchter zu reparieren. Hofbauer schwor sich: »Das mache ich nicht mein Leben lang. Irgendwann wusste ich, dass ich nicht immer für jemand

JOHANNES HOFBAUER
Bahnhofstraße 20 • 82340 Feldafing • Tel.: 08157/92 52 92 • www.j-hofbauer.de
Öffnungszeiten: nach Vereinbarung
TIPP Strandbad, Königinstraße 4, 82340 Feldafing

Johannes Hofbauers Tipp:

Ein Spaziergang zum Strandbad Feldafing, dort schwimmen und im Restaurant des Strandbades essen. Vielleicht noch einen Abstecher zur Roseninsel machen (Fährverbindungen gibt es von Mai bis Oktober)

anderen arbeiten wollte.« Nach Feierabend begann der Niederbayer eigene kleine Werke zu drechseln: Schmuckstücke zuerst, Ohrstecker, Broschen, Haarspangen. Aus Ebenholz, Buchsbaum oder Palisander. Er stellte sie aus, ging auf Märkte, verkaufte sie und das Kleine wurde größer: im übertragenen wie im wörtlichen Sinn.

Johannes Hofbauer kehrte zurück nach München und mietete sich bei einem Schreiner in Ismaning ein: In der eigenen Werkstatt folgten auf die kleinen Schmuckarbeiten Schalen, Dosen, Kugeln. Große flache Vasen mit einem kleinen Glaszylinder in der Mitte, perfekt für Ikebana-Gestecke, die damals gerade angesagt waren. »Ich habe gleich am Anfang eine eigene Formensprache gesucht und auch gefunden.« Etwa, dass seine Schalen einen Naturrand haben, die Rinde des Baumes.

Die Technik wurde ausgefeilter, die Werkzeuge auch. Zu Bandsäge und Drechselbank kamen selbst entworfene und geschmiedete Werkzeuge dazu, Ausdrehhaken oder spezielle Halterungen für seine Maschinen. »Drechsler sind oft sehr erfinderisch und viele bauen ihr eigenes Werkzeug.« Nur so kann Hofbauer umsetzen, was ihm vorschwebt. Etwa die Lichtschalen: aus hauchdünnem Holz, nur einen Millimeter dick, der Rand Rinde. Wenn Licht hineinfällt, leuchtet die Schale von innen und hebt die Maserungen der Pappel oder Kastanie hervor. Oft bringen ihm Leute Bäume aus ihrem Garten vorbei: Etwa einen Apfelbaum – mehrere Generationen der Familie kletterten als Kinder in dem Baum herum, jetzt ist der Baum tot, aber die Familie möchte die Erinnerung weiterleben lassen. Hofbauer fertigte Salatschalen daraus. Oder die serbische Kiefer, Lebensbaum einer jungen Frau, zu ihrer Geburt gepflanzt, vom Sturm gefällt. Jetzt wird die Kiefer zu Schüsseln und Obstbesteck.

Hofbauers derzeitiges Lieblingswerkzeug: die Kettensäge. Damit sägt er Vogelhäuser, kleine Skulpturen wie den Mann, der ein Buch stützt, oder den Vogel, der auf einem Ast thront. »Aufwärmübung«, nennt er so kleine Skulpturen, die er mal eben aus einem Klotz oder Stamm oder Ast sägt. »Mit jedem Werkzeug bekommt man einen anderen Duktus, einen anderen Ausdruck«, sagt Hofbauer. »Die Werke von Bildhauern, die ein Stemmeisen benutzen oder eine Axt, wie Josek Nowak aus Pöcking, sehen anders aus.« Das Rohe, Grobe kann nur die Kettensäge. Hofbauers neueste Technik ist eine Schnitttechnik: Das Holz von Pappel oder Weide wird in Scheiben gesägt, aber nicht zersägt, so lässt es sich aufziehen, wie eine Ziehharmonika, lässt sich bewegen, formen, biegen. Zu einer Spirale, einem Kreis, einem Bogen, einer Schlange. Immer fängt Hofbauer klein an, dann werden die

Johannes Hofbauer hat früh eine eigene Formensprache gefunden: Seine Vasen und Schalen haben einen Naturrand, nämlich die Rinde des Baumes. Seine neueste Technik ist eine Schnitttechnik, mit der er Holz so sägt, dass es sich aufziehen lässt.

Bruchgefahr!
Attention!
Handle with
RAVENOL

Installationen größer, manche sind bis zu vier Meter hoch.

Seit 1995 ist Johannes Hofbauer Marktleiter des Schwabinger Christkindlmarktes an der Münchner Freiheit: Er wählt zusammen mit einer Jury die Aussteller aus, plant die Standverteilung, organisiert Anträge, koordiniert den Aufbau. Er gründete die Ausstellung Monaco libre, auf der von 1998 bis 2005 jeden Sommer Bildhauer und Maler ihre Werke zeigten. Jedes Jahr ist er auf den Germeringer Werktagen zu sehen, zwei Wochen lang arbeiten 16 Bildhauer auf einem ehemaligen Kasernengelände und präsentieren am Ende in einer Ausstellung ihre Kunstwerke.

Der Liebe wegen zog es ihn 2008 von München ins Fünfseenland, sein Atelier hat er seither in Feldafing, in den Räumen einer ehemaligen Metzgerei. An den Wänden hängen die Bilder seiner Frau Ulrike Gerd Hartmann.

Unten, im ehemaligen Schlacht- und Kühlhaus, ist seine Werkstatt. Die Fliesen haften noch an den Wänden. Im Hof und in der Werkstatt stapelt sich das Holz, unbehauen oder zurechtgesägt. Nicht selten, dass Johannes Hofbauer seinen Arbeitsablauf nach dem Holz richten muss, dann wenn der Zeitpunkt da ist und es nicht zu trocken oder zu feucht ist. »Du liebst Dein Holz mehr als mich«, sagt seine Frau dann manchmal zu ihm. Und ja, er liebt es, das Material seiner Kindheit: den Geruch, die warme Oberfläche, die Farben, die groben und feinen Strukturen. Vielleicht, gibt er zu, »weil ich als Kind schon im Sägemehl gespielt habe«.

Der Liebe wegen zog der Niederbayer ins Fünfseenland, sein Atelier hat er in den Räumen einer ehemaligen Metzgerei. Im alten Schlacht- und Kühlhaus ist seine Werkstatt, in den Verkaufsräumen zeigt und verkauft er seine Schalen, Vasen und Objekte.

Angelika Littwin-Pieper

Die Bildhauerin mag das Menschliche

Eine ihrer jüngsten Figuren ist ein langer dünner König aus Bronze – inspiriert von Giacometti. Er hält ein Blatt in der Hand und auf dem Blatt steht: »Hiermit gebe ich nichts bekannt.« Ein Satz von Karl Valentin, den Angelika Littwin-Pieper »phänomenal« findet. Ein Satz, der viel über ihre Arbeit verrät: Humor, Ironie und Satire sind charakteristisch für ihr Werk. In dem Atelier der Bildhauerin stehen sie auf dem Boden und auf Borden: kleine Figuren, Frauen, oft nackt, nur mit einem Hut und Schuhen bekleidet, eine Kette oder ein Tuch um den Hals. »Weil die Figuren so klein sind, kann man sie ertragen«, findet die Künstlerin. Auf einem Sockel eine Gruppe nackter, nicht gerade schlanker, älterer Männer, dazwischen das Schild »Wir sind auch auf Parship www.666.de«. »Ich habe eine Vorliebe für Menschen. Die Menschlichkeit hervorbringen und den Menschen einen Spiegel vorhalten, das geht am besten mit Satire und Karikatur«, sagt Angelika Littwin-Pieper. Bevor sie begann, ihre Figuren zu fertigen, hat sie lange Jahre gemalt: Immer schon Menschen, Vorbilder waren die Maler Otto Dix und George Grosz: »Landschaften und Abstraktionen liegen mir nicht.« Der Österreicher Alfred Hrdlicka ist ihr Lieblingsbildhauer – seine menschlichen Figuren, findet sie, »legen die Seele frei«.

Die Liebe zur Kunst hat eine kunstbegeisterte Deutschlehrerin bei der 1942 geborenen Angelika Littwin-Pieper geweckt – im Internat in Meppen. Nach dem Schulabschluss zog es die gebürtige Oldenburgerin nach Kanada, wohin die Familie ausgewandert war. »Für junge Leute«, sagt sie, »hat es doch einen Reiz, woanders hinzugehen.« In Toronto schrieb sie sich an der Kunstakademie ein, studierte Bildhauerei und Kunstgeschichte. Die Studentin reiste nach Europa: Paris, Amsterdam, Italien – hier

ANGELIKA LITTWIN-PIEPER
Wettersteinstraße 2 • 82340 Feldafing • Tel.: 08157/3571
www.littwin-pieper.de • Öffnungszeiten: nach Vereinbarung
TIPPS *Atelier Ina Kohlschovsky*, Edelweißstr. 13, 82340 Feldafing
Midgardhaus, Midgardstr. 3–5, 82327 Tutzing

wollte sie die Kunst der Renaissance verstehen lernen: »Ich wollte wissen, wie der menschliche Körper dargestellt wird.« Ein Jahr hatte sie Zeit. Der Zufall wollte es, dass sie auf der Schiffsreise von Kanada nach Deutschland eine Münchnerin kennenlernte. Diese sagte, Angelika Littwin solle sich unbedingt auch München anschauen. »München fand ich so nett und überschaubar, dass ich hier hängengeblieben bin.« Statt in Toronto setzte sie ihre Studien in München fort, besuchte drei Semester die Grafikschule. Eine Tochter wurde 1966 geboren und um leben zu können, arbeitete die Künstlerin als Sekretärin. Jahrzehntelang. Nebenbei entstanden Bilder. Die Keramiken fertigte sie erst später an, als zu Hause Platz für ein Atelier war.

Und wieder brachte ein Zufall die Wende: Als Littwin-Pieper 1982, inzwischen 40 Jahre alt, nach Feldafing zog, wurde dort kurz darauf die Künstlervereinigung *Die Roseninsel* gegründet. Sie trat als Gründungsmitglied bei und zeigte bei einer Ausstellung Bilder und kleine Keramiken: »Die kamen erfolgreich an, das hat mich motiviert weiterzumachen.« In diesen Jahren war es, dass Angelika Littwin-Pieper begann, als freischaffende Künstlerin zu arbeiten und den Broterwerb Sekretärin aufgab.

Eines Tages entdeckte Lothar-Günther Buchheim, der in der Nachbarschaft wohnte, ihre Werke: die lebensgroßen Figuren mit ihren ehrlichen, nicht mehr jungen Gesichtern, den buschigen Augenbrauen, den Falten, den Brillen, Hüten und Ketten. Gewandet in Fracks, Anzüge und Kleider, auf Flohmärkten entdeckt. »Ich

Aus Schwemmholz und Keramik fertigt Angelika Littwin-Pieper ihre Figuren. Buschige Augenbrauen, Falten, Doppelkinn sind typisch für ihre charakteristischen, oft nicht mehr jungen Gesichter. Humor, Ironie und Satire kennzeichnen ihr Werk.

liebe Stoffe. Stoffdesignerin hätte mir auch Spaß gemacht.« Viele dieser Figuren kaufte Buchheim 1993 für seine private Orangerie und lud zu einer Ausstellung ins *Café Littwin*. Die Figuren sind um weiß gedeckte Tische gruppiert, vor sich Eis oder Kuchen. Buchheim hielt eine Rede, in der er Angelika Littwin-Pieper als »femininen George Grosz« bezeichnete. Inzwischen ist das *Café Littwin* im Buchheim-Museum zu sehen, wo es nach dem Tod von Buchheims Frau Diethild im Jahr 2014 einzog.

Als *Die Roseninsel* das Ausstellungsthema *Baum* ausrief, dachte die Bildhauerin: »Da kann ich nicht mitmachen.« Schließlich sind Figuren ihr Thema, keine Landschaften. Doch dann fand sie in Sardinien ein Stück Schwemmholz, hob es auf und musste an einen Torso denken. Sie formte einen Kopf aus Keramik: »Das war die Geburt der Schwemmholz-Keramikfiguren«, erzählt Angelika Littwin-Pieper. Sie arbeitet die Keramik-Köpfe so in das Holz ein, dass der Übergang unsichtbar ist, und bemalt Körper und Gesicht. Da ist die Lilith mit den langen roten Haaren; die Brünette mit dem Schal über dem Haar; dazwischen der Fotograf mit einer alten Kamera um den Hals. Auch ein paar Eulen haben sich unter die Plastiken gemischt: »Ich liebe Eulen. Das sind interessante Vögel.« Littwin-Pieper liebt das Schwemmholz, das warme, leichte Material, in dem Wind und Wasser ihre Löcher, Kuhlen und Rillen hinterlassen haben. Die Gesichter, die sie ihren Figuren gibt, begegnen ihr oft im Leben: »Ich bin S-Bahn-Fahrerin, und da gucke ich mir die Leute an. Der Mensch ist wunderbar.« Und oft auch ein wenig sonderbar. Perfekt, um seine Eigenheiten zu zeigen.

A. Littwin-Piepers Tipp:

Ein Besuch im Atelier von Ina Kohlschovsky, einer Feldafinger Malerin. Dann eine Radtour um den Starnberger See und abends in Tutzing im *Midgardhaus* im Restaurant oder Biergarten essen gehen

Café im Waschhäusl

Ein engagierter Verein schafft einen Platz zum Verweilen

Alles begann damit, dass Angela Stimmer so gerne im Café Gedichte schreibt. »Im Café«, sagt sie, »kriegst Du den Kopf frei, Du öffnest dich und die Gedanken können fließen.« Seelengedichte nennt sie ihre Poeme. Als die Landschaftsökologin 1992 nach Pöcking kam, gab es dort kein Café. Wenn sie neben dem Job im Umweltministerium und den drei Kindern Zeit zum Schreiben fand, fuhr sie nach Tutzing ins Café. Die Jahre vergingen, die Gemeinde Pöcking sanierte das alte Pfarrhaus: Bücherei, Standesamt und Gemeindearchiv zogen in das Gebäude aus dem 17. Jahrhundert ein, Angela Stimmers Mann, ein Landschaftsarchitekt und Stadtplaner, gestaltete mit seinem Büro den alten Pfarrhof um: Wo dereinst die Scheune stand, in der sich Knechte und Mägde auf dem Heuboden trafen, luden fortan eine Boulebahn, Rasen und Bänke zum Verweilen ein. Doch nur wenige nutzten den Literaturgarten. Mittendrin das Waschhaus des alten Pfarrhofs: Der vordere Teil gemauert, der hintere ein Bretterverschlag – hier legten einst des Pfarrers Hühner ihre Eier. Ein Abstellraum mitten im grünen Garten. Und als Angela Stimmer eines Tages im August auf einer der Bänke saß, reifte in ihr die Idee, das alte Waschhaus in den Literaturgarten miteinzubeziehen, einen Platz zu schaffen, an dem man sich in gemütlicher Atmosphäre treffen und mit Leuten unkompliziert ins Gespräch kommen könnte: »Öffentliche Freiräume sind enorm wichtig für die Gesellschaft – und meinem Mann und mir ein wichtiges Anliegen«, sagt sie. Den Garten beleben, ein Café eröffnen, gemeinnützig sollte es sein, ohne Konsumzwang. Wer will, kann auf ein Glas Leitungswasser kommen oder nur zum Zeitunglesen. Stimmer begeisterte die richtigen Leute dafür: Freunde und Bekannte, darunter ein Architekt und ein Gemeinderat. Man gründete einen Verein, *Literaturcafé Waschhäusl e.V.*, überzeugte Bürgermeister, Gemeinderäte, Finanzamt. Die Idee: Mindestens zwei bis drei Tage sollte das Café geöffnet haben,

LITERATURCAFÉ WASCHHÄUSL
Hauptstraße 8 • 82343 Pöcking • Tel: 0176/93 63 79 25
www.literaturcafe-waschhäusl.de
Öffnungszeiten: Mi–Fr 9–17 Uhr, So 13–17 Uhr
TIPP Sisi Museum im Bahnhof Possenhofen, Schloßberg 2, 82343 Pöcking

Waschhäusl-Tipp:

Das Sisi Museum im Bahnhof Possenhofen besuchen und dann auf dem Prinzenweg von Pöcking (Start an der Franziska-Günther-Straße 10) nach Starnberg spazieren, mit Blick über den See bis hinüber zur Votivkapelle in Berg

wer dort arbeitete, sollte es ehrenamtlich tun, die Einnahmen sollten in Kunst- und Kulturveranstaltungen im Café investiert werden. »Sonst würde sich so ein Konzept nicht rechnen.« Stimmer, die vor ihrem Job im Umweltministerium auch Verwaltungsrecht studiert hatte und mit Stiftungen gearbeitet hatte, schrieb die Satzung.

100.000 Euro Zuschuss gab es von der Gemeinde, ein Teil der Umbaukosten sollte in Eigenleistung erbracht werden. Dutzende Pöckinger werkelten im Jahr 2014 fast jedes Wochenende an dem 32 Quadratmeter großen Häuschen: stemmten den Betonboden raus, rissen Wände ein, strichen die Dachbalken, isolierten das Dach, verputzten und strichen die Fassade. Organisierten Spenden, besorgten Tische, Stühle, Kaffeemaschine. Die Küche spendierte die Franziska-Günther-Stiftung. Der Pöckinger Dame war es ein Anliegen, dass ein sozialer Treffpunkt im Ort entstehe.

Im April 2015 wurde das Waschhäusl eröffnet: 7 Tische, 22 Stühle. Im Gebälk unter der Decke stehen Romane, in einem kleinen Bücherregal warten Werke von Martin Suter und Paul Auster auf Leser; auch Bände lokaler Schriftsteller wie die Romane der Pöckingerin Stephanie Schuster, die Werke des in Ambach lebenden Autors Tilman Spengler, die Kinderbücher der Starnbergerin Martina Baumbach oder die kunsthistorischen Führer von Juliane Reister. Die Tageszeitung liegt aus – regelmäßig kommen

Zeitungsleser. In einem kleinen Kästchen stecken Postkarten von Annemarie Glück. Die Pöckinger Malerin sitzt mit Kreiden, Aquarellfarben, Staffelei oder Skizzenblock oft im Literaturgarten. Ihre Motive: das Waschhäusl mit Kirche, Possenhofen und das Schloss, der See, die Roseninsel. An der Wand ein Gemälde von ihr. Viel Glas – das Café ist wie eine kleine Puppenstube hell, freundlich, ruhig; nur wenige Meter hinter der Hauptstraße.

Ehrenamtlich arbeiten heute 35 Frauen und ein paar Männer im Service, 40 Jahre alt ist die Jüngste, Mitte 70 die Älteste. Es gibt zehn Kuchenbäckerinnen, dazu den Vorstand. Aus den geplanten 12 Veranstaltungen im Jahr wurden mehr als 35: szenische Lesungen, Musikabende, ein philosophischer Gesprächskreis, ein Schreibsalon und am Sonntagabend auch gemeinsames Tatortschauen.

Klein und fein ist der Rahmen, der Eintritt kostet 5 Euro – für Stimmer ein Symbol der Wertschätzung: »Wir wollen alle Bürger ansprechen, sich für unsere Veranstaltungen zu öffnen.« Decken die Eintrittsgelder die Gage der Künstler nicht ab, legt der Verein den Rest drauf. Schließlich ist es dessen Zweck, Kunst und Kultur zu fördern. »Wir wollten Räume schaffen, wo der Mensch sich als Mensch begegnen kann, aber auch ein klares Zeichen für Kunst und Kultur setzen, sie wertzuschätzen und zu pflegen«, sagt Stimmer. Ihre Idee ging auf. Bis auf einen Punkt: Wenn sie heute ins Café kommt, dann weil irgendetwas zu organisieren ist. Nur nicht zum Schreiben. Aber jetzt gibt es ja den Schreibsalon.

Ein gemeinnütziges Café, ohne Konsumzwang, war die Idee von Angela Stimmer (links). Zu dem ehrenamtlichen Team, das heute im ehemaligen Waschhäusl des Pfarrhofs arbeitet, gehören auch Ute Nicolaisen-März, Gudrun Voggenreiter und Iris Niemand.

Zimtzicken

Sie heißen so, weil Zimtschnecken-Bäckerin Barbara Baumer den Hefeteig anfangs etwas zickig fand.

Zutaten für den Teig
(ergibt etwa 40 Stück)
200 g Sahne
200 ml Wasser
1 Würfel Hefe
120 g Zucker
120 g Butter
750 g Mehl
½ TL Salz
1,5 TL gemahlener Kardamom
1 Ei

Zutaten für die Füllung
3 TL Zimt
120 g Zucker
120 g Butter, zimmerwarm
1 Ei zum Bestreichen

Zubereitung

Die Sahne mit dem Wasser mischen und leicht erwärmen (auf maximal 40 °C). Dann etwa ein Viertel der Menge mit der Hefe und 1 TL Zucker verrühren, bis sich die Hefe auflöst.

In der restlichen Sahne-Wassermischung die Butter auflösen.

In einer Schüssel Mehl, restlichen Zucker, Salz und Kardamom trocken durchmischen, dann Hefelösung, Buttermischung und das Ei zugeben. Das Ganze mit dem Rührgerät solange kneten, bis sich der Teig vom Schüsselrand löst. Danach zugedeckt etwa eine halbe Stunde in warmer Umgebung gehen lassen.

Für die Füllung Zimt und Zucker mischen. Den Teig halbieren und jedes Stück etwa backblechgroß ausrollen. Weiche Butter darauf streichen, mit Zimtzucker bestreuen. Von der Längsseite her aufrollen (ergibt zwei circa 40 cm lange Rollen).

Backofen auf 230 °C vorheizen.

Zwei Backbleche mit Backpapier auslegen, eventuell auch Papierförmchen für Muffins draufsetzen, wer die Schnecken höher mag.

Jede Rolle in circa 20 Scheiben schneiden, Scheiben auf das Blech legen oder in die Förmchen setzen, abdecken und nochmals circa 30 Minuten gehen lassen.

Das Ei verquirlen, Zimtschnecken vor dem Backen mit dem Ei bestreichen.

Etwa 15–20 Minuten auf mittlerer Schiene backen.

Josef Wagner

Der Maler und sein Atelier sind eine Institution

Sein Atelier liegt in bester Lage, mit Seezugang und Laufkundschaft. Als Josef Wagner von dem Fischer Josef Gebhardt 1980 den leer stehenden Kiosk am Dampfersteg in Possenhofen mieten wollte, sagte der: »Da brauchst aber eine Lizenz für Lebensmittel.« Brauchte Josef Wagner nicht. Er wollte ja kein Steckerleis, Bier oder Cola verkaufen, sondern seine Bilder dort raushängen und verkaufen – und dort malen. Mittlerweile gehört das »Atelier beim Sepp« (benannt nach dem Fischer, nicht nach dem Maler, wie festzustellen ist) fest zu Possenhofen, wie das Sisi-Schloss und der Dampfersteg.

Jeden Tag von April bis Oktober macht sich der gebürtige Schlesier Josef Wagner morgens auf, mit der Staffelei oder einem Skizzenblock. Dann sitzt er an seinem kleinen Tisch unter dem Zwetschgenbaum, auf dem Tisch vor sich Palette, Farbtuben, Pinsel, Spachtel. Und ein Bier. Baskenmütze oder Strohhut auf dem Kopf, Zigarette griffbereit. »Ich arbeite wo's sein muss, aber am liebsten draußen«, sagt Wagner. Spaziergänger, Dampferfahrer, Segler und Badende kommen bei ihm vorbei, grüßen, betrachten die kleinen Seeansichten, das Bild mit der Schlossmauer und den bunt hingetupften Blumenranken. Manche fragen ihn dies und das. Ziemlich viel fragen die Leute, oft belangloses Zeug. »Es ist doch schon so viel gesagt«, grantelt Wagner. Die einzig wichtige Frage sei doch: »Wovon lebt man?« Manchmal dreht er sich einfach um, damit er seine Ruhe hat. Manchmal muss er sogar zu Hause bleiben, um in Ruhe arbeiten zu können.

Wagner, 1937 in der Grafschaft Glatz geboren, wollte schon als Schulbub Maler werden. Weil es damals für die ganze Klasse nur einen einzigen Atlas gab, erlaubte ihm der Lehrer, Italien vom Atlas auf die Tafel zu übertragen. Später weitere Länder. Wagner ging bei einem Maler in die Lehre, dann studierte er an der Werkkunstschule Düsseldorf und der Akademie für bildende Künste in München bei Professor Ernst Geitlinger. Freischaffender Künstler wollte er sein und Landschaften malen, nicht das moderne Zeug: »Malen, wie der Professor es

DAS ATELIER BEIM SEPP
Dampfersteg • 82343 Possenhofen • www.seppwagner.jimdo.com
Öffnungszeiten: von April bis Oktober bei gutem Wetter

will – für so einen Mist habe ich keine Zeit gehabt. Ich bin halt ein Querkopf, der manches nicht mag.«

Josef Wagner, den alle nur Sepp nennen, ging auf Studienreisen durch Frankreich und Italien, und weil die einzige Frage ja ist, wovon man lebt, arbeitete er zwischendurch immer wieder auf dem Bau, strich Fenster und Fassaden. »Man muss selber schauen, wie man seinen Weg findet«, sagt er. Und überzeugt sein, von dem, was man kann. 1965 zog er nach Possenhofen, bekam zwei Töchter, auch sie sind in künstlerischen Berufen gelandet: Die eine, Stephanie Schuster, schreibt Romane und illustriert Kinder- und Jugendbücher, die andere, Yvonne Wagner, schreibt Fachbücher und Kreativbücher für Erzieherinnen.

»So Unterschiedliches wie das bayerische Wetter« hat Sepp Wagner in all den Jahren am Steg erlebt. »Das Genie« ging hier ab und zu vorbei, den Lothar-Günther Buchheim meint er, aber »das Genie« hatte keinen Blick für ihn, den Landschaftsmaler. Er hat erlebt, wie das verfallene Schloss Possenhofen zu luxuriösen Appartements umgebaut wurde, direkt hinter der Schlossmauer, an die sich sein Atelier duckt. Er erinnert sich an die nervöse Clique, die mal einen Filmbeitrag über ihn machte und so ganz anders war als die Profis vom Bayrischen Fernsehen, die auch mal über ihn drehten. Ihm fällt ein, wie irgendjemand seine Palette klaute, als er nur kurz rüber in die *Schiffsglocke* gegangen war, um sich ein kühles Bier zu holen. Und immer wieder kommen die »Druckser«, die vor dem Kiosk rumschleichen und irgendwann da-

Von April bis Oktober sitzt Josef Wagner an dem Klapptisch vor seinem Atelier, direkt am Dampfersteg Possenhofen. Und das seit fast 40 Jahren. Einst war das Atelier ein Kiosk – heute gibt es hier Bilder und Postkarten mit Seemotiven zu kaufen.

mit rausrücken, dass sie selbst auch malen und sich mit ihm austauschen wollen. Menschen kommen und gehen, manchmal kommen sie wieder und kaufen ein Bild oder eine Postkarte. Die besonderen Momente bleiben. Wenn die Segler aus dem Yachthafen nebenan Sonnenschirme aufstellen, bunte Tupfen im Grün. Wenn sich die Sonne drüben am Ostufer einen Strahl bahnt, durch die Wolken, und auf den blaugrünen See ein Glitzern schickt, während sich rechts im Süden die dunklen Wolken türmen. Solche Momente prägt sich der Wagner Sepp ein, skizziert sie oder malt sie mit feinen Pinselstrichen.

Josef Wagners Tipp:

Schaut euch um, entdeckt, was es ringsum gibt. »Wenn ich woanders bin, möchte ich auch selber was entdecken.«

»Wenn man so was wie Malen macht, muss man schauen, dass man immer möglichst wachsam und lebendig bleibt. Dann sieht man das, was man über Wochen sieht, immer wieder frisch.« Und das klingt gar nicht nach Grantler, sondern weise und abgeklärt.

Die Seemadames

Annelie Gerken überrascht ihre Gäste gern

Das Motto der *Seemadames* ist simpel: »Kommt und lasst uns fröhlich sein.« Und genauso fröhlich sieht es aus an dem Café-Kiosk an den Osterseen. Mosaiktischchen stehen auf der kleinen Veranda inmitten bunt zusammengesuchter Sitzgelegenheiten: einem Schaukelstuhl, dem Sitz einer Hollywoodschaukel, dem Stuhl von Oma Lena, dessen Sitzfläche Dutzende bunter Gürtel bilden. Dazwischen ein holzgedeckter Getränkekasten, Sitzmöglichkeit und Abstellfläche zugleich. Verschiedene Teller, Tassen und Kännchen, oft aus Wohnungsauflösungen – eben das, was die Iffeldorfer der Seemadame Annelie Gerken vorbeigebracht haben. In dem Baum neben dem Kiosk hängt all das, was Gäste verlegt haben – Sonnenbrille, Haargummi, Schirmmütze, Holzengel. Auf dem Tresen knallrote und knallgrüne Holzrahmen, auf denen in sauberster Kreideschrift kunstvoll die Speisen und Getränke notiert sind. Cappuccino, Café Crema, Chai Latte. Nicht, weil Annelie (die es nicht mag, wenn man sie Frau Gerken nennt) auf den Trend Handlettering aufgesprungen ist. Sondern weil die Kunst zu ihrem Leben gehört, genauso wie das Kochen und Backen: Geboren wurde Annelie in Essen, wuchs mit zwei Schwestern auf, besuchte oft die Omas, die in der Nähe wohnten: Die eine arbeitete als Servicekraft in einer »hochherrschaftlichen Konditorei« – Annelie war als Kind fasziniert von den herrlich dekorierten Torten. Die andere, Oma Lena, kochte und buk ständig für ihre große Familie: In ihrer Küche gab es eine riesige Mehlschublade, »da durfte ich als Kind immer rumbuddeln«, erzählt Annelie. »Die meisten Rezepte habe ich von ihr.« »Aufgeschnappt«, muss man hinzufügen, denn Annelie backt nach Gefühl und Vorrat: Deshalb schmeckt ihre orientalische Linsensuppe jedes Mal ein bisschen anders. Deshalb hat der Streuselkuchen jedes Mal eine andere Füllung. Deshalb hat Babettes Windbeuteltorte

DIE SEEMADAMES

Parkplatz Jägergasse • 82393 Iffeldorf • Tel.: 0179/979 35 89
www.dieseemadames.de
Öffnungszeiten: Nur bei schönem Wetter, von März bis November, Sa–So 12–22 Uhr, ab Pfingsten bei schönem Wetter auch Donnerstag und Freitag – aktuelle Angaben auf der Webseite

Annelie Gerkens Tipp:

Die renaturierte Halde im Gewerbegebiet Antdorf. Die Gegend erinnert Annelie an ihre Kindheit im Ruhrgebiet. Vom Kiosk aus die Jägergasse entlang, weiter Richtung Antdorf, beim Pferdehof Paradisiland links. Dem Fußweg bis zum Hügel folgen und vom Gipfelkreuz in die Berge blicken.

nicht immer einen Haferkeksschoko-Boden, sondern manchmal auch einen mit Mandeln und Aprikosenmarmelade.

Nach dem Abitur studierte Annelie in Dortmund Grafikdesign, zog eines Mannes wegen nach Bad Tölz, bevor es sie 2005 nach Iffeldorf verschlug. Sie arbeitete als freiberufliche Grafikdesignerin für eine Snowboard-Firma (davon erzählt die Bank aus zwei Boards am Kiosk) und illustriert für den Langenscheidt Verlag Lexika. Nebenbei hatte sie immer einen Teilzeitjob in der Gastronomie: Im Schauspielhaus Bochum, im Restaurant *Vitus* in Iffeldorf. Aber angestellt sein ist nicht ihr Ding. »Ich verwirkliche gerne meine eigenen Ideen.« Beim Joggen kam sie immer wieder an dem leer stehenden Kiosk vorbei. Stellte sich vor, was man daraus machen könnte. »Zu vermieten, bitte bei der Gemeinde melden«, stand auf einem Zettel: »Beim zehnten Mal Vorbeijoggen dachte ich, jetzt melde ich mich da.« Das war im Sommer 2013. Einen Plan hatte sie nicht, nur »ein gutes Bauchgefühl. Ich wusste, das wird gut«. Startkapital hatte die Grafikerin keines: Die Ausstattung ist geschenkt, von einer Freundin lieh sie sich das Geld für den ersten Einkauf; um sich die teure Siebträgermaschine leisten zu können, verkaufte sie den Iffeldorfern Cappuccino-Aktien: Für 20 Euro pro Aktie gab es 10 Tassen gratis. »Im Nullkommanix« hatte sie das Geld beisammen. Blieb noch die Frage nach dem Namen: Ihre Tochter sagte gerne: »Des seh ma dann.« Und weil Annelie ein Faible für französische Worte hat, wurden daraus die »Seemadames«. Der Plural passte auch – schließlich führte Annelie den Kiosk in den ersten Jahren zusammen mit ihrer Freundin Beatrice Glaß, der Betreiberin des Restaurant *Vitus*. »Ich wollte mir vor die Haustür holen, was ich als Alleinerziehende nicht haben konnte: Menschen, Musikveranstaltungen.« Manchmal treten abends Bands auf oder Annelie stellt eine Leinwand auf die Weide gegenüber und zeigt Kurzfilme. »Ohne Familie im Ort kommst Du als Alleinerziehende sonst nicht vor die Tür. Ich bin in einem urbanen Umfeld groß geworden und hatte Lust, die Menschen zusammenzuholen«, erklärt Annelie. »Ich mag es, es den Leuten schön zu machen, zu sehen, dass sie das zu schätzen wissen und mit strahlenden Gesichtern dastehen.«

Manche Gäste haben an dem Kiosk ihre Spur hinterlassen: Der Lichtkünstler Michael Fitzek aus dem benachbarten Antdorf baute die Tassen-Lampen, die abends die Veranda erleuchten, und die »europäische Notenbank«: eine weiß lackierte Bank, auf der die ersten Takte der Ode an die Freude, der Europahymne, aufgemalt sind. Jene Iffeldorferin, die Annelie »Häkeloma Helga« nennt, umhäkelte den Balken des Kioskgärtchens, ihre Kissen zieren das Stuhlsammelsurium. Und immer präsent ist natürlich Oma Lena: Annelie unterbricht die Winterpause stets an Neujahr, denn da gibt es am Kiosk »Oma Lenas Neujährchen« – Waffelröllchen mit Sahnefüllung. Und irgendwo im Tellerstapel versteckt sich auch der letzte Teller aus dem Teeservice ihrer Oma: weiß mit grünen Blüten, Hutschenreuther Porzellan. Wessen Kuchen auf diesem »Oma-Lena-Gedenkteller« landet, der bekommt ihn gratis. Die Oma, erzählt Annelie, habe aus einer Kartoffel ein Festmahl gezaubert. »Das liebe ich, dass man aus nichts etwas machen kann.« So, wie es auch mit ihrem Kiosk geklappt hat.

Bunt zusammengesucht sind die Sitzgelegenheiten der Seemadames: Sessel, Schaukelstuhl, Hocker. Alles Spenden oder Fundstücke aus Wohnungsauflösungen. Annelie Gerken hatte kaum Startkapital, aber ein gutes Bauchgefühl, als sie den Kiosk eröffnete.

Babettes Windbeuteltorte

Diese Torte von Annelies Tante Babette durfte bei keinem Familienfest fehlen.

Zutaten für den Boden
300 g Kekskrümel nach Wahl (ich nehme am liebsten Hafercookies oder Cantuccini)
100 g geschmolzene Butter oder 125 g geschmolzene Schokolade

Zutaten für die Füllung
400 g süße Sahne
2 Sahnesteif
2 Becher Schmand
4 EL Gelierzucker 1:1
1 Packung fertige Windbeutel aus der Tiefkühltruhe

Belag
300 g TK-Himbeeren oder andere saisonale Beeren
1 Tortenguss rot

Zubereitung
Die Kekse im Universalzerkleinerer fein mahlen (oder in eine Plastiktüte geben und mit dem Nudelholz darüber rollen, bis sie klein sind). Dann in einer Schüssel mit der geschmolzenen Butter oder Schokolade vermengen. Einen Springformboden (28 cm Durchmesser) mit Backpapier auslegen und die Keksmasse darauf verteilen und festdrücken. Kurz im Kühlschrank fest werden lassen.

Für die Füllung die Sahne mit dem Sahnesteif steif schlagen, den Schmand unterheben und den Gelierzucker darunterrühren. Einen Tortenring um den Boden stellen. Den Boden mit der Hälfte der Masse bestreichen, darauf die gefrorenen Windbeutel setzen und die restliche Hälfte der Masse darübergeben. Über Nacht in den Kühlschrank stellen.

Die Himbeeren auftauen lassen, dann die Torte damit belegen. Den Tortenguss laut Packungsanleitung zubereiten und über den Himbeeren verteilen. Jetzt den Tortenring entfernen. Statt Beeren kann man auch rote Grütze verwenden.

Noch mehr Begegnungen

Regelmäßige kulturelle Veranstaltungen

STARNBERGER SEE

Ateliertage Berg/Icking
meist im September oder Oktober
www.atelier-tage.de

Holzhauser stellen aus
alle zwei Jahre im Juli (in ungeraden Jahren)
www.holzhauser-stellen-aus.de

Kunsthandwerkermarkt Höhenried
mehrmals im Jahr im Schloss Höhenried
und den Außenanlagen
www.schloss-hoehenried.de

Kunsthandwerkermarkt Seeshaupt
jährlich im Sommer, meist im Juli,
auf dem Parkplatz vor der Grundschule
www.seeshaupt-er-leben.de/events/
kundhandwerkermarkt
www.starnbergersee.de/maerkte.html

Offene Ateliers Starnberg
meist im April oder Mai; Ateliers in Starnberg, Pöcking und Feldafing öffnen ihre Türen.
www.offene-ateliers-starnberg.de

AMMERSEE

Dießener Ateliertage
alle zwei Jahre um den 01. Mai
http://kunstformat-ammersee.de/
ateliertage.html

Töpfermarkt Dießen
jährlich vier Tage um Christi Himmelfahrt
www.diessen.de/kunst-kultur/
diessener-toepfermarkt

Uttinger Ateliertage
zwei Wochenenden im Sommer
www.uttinger-ateliertage.de

BESONDERE AUSSTELLUNGSORTE

Aukio Ateliers
Etwa 40 Künstlerinnen und Künstler arbeiten in dem Bunker im Kerschlacher Forst, dem ehemaligen Warnamt X. Sie stellen regelmäßig aus.
www.aukio-ateliers.com

Hof am Mühlbach
Ein Musikerpaar veranstaltet auf diesem Hof in Wilzhofen regelmäßig Konzerte und Ausstellungen.
www.hof-am-muehlbach.de

Kunsträume am See
Kulturgestalterin Elisabeth Carr entdeckt immer wieder ungewöhnliche Orte für ihre Veranstaltungen: etwa das frühere Kaufhaus Biller in Starnberg, ein Krankenhaus, einen Wertstoffhof oder private Salons.
www.kunstraeume-am-see.de

Reismühle in Gauting
Nicht mehr Fünfseenland, sondern schon Würmtal: Hier ist angeblich Karl der Große geboren. Heute arbeiten hier etwa 40 Künstler, im Juli finden Ateliertage statt.
http://reismuehle.eu

Schalterhalle Starnberg
Ausstellungsraum im historischen Bahnhof am See
www.schalterhalle-starnberg.de

Wasserturm Herrsching
Im Wasserturm der Beamtenfachhochschule hat der Künstlerkreis Ammersee (KKA) seinen Ausstellungssitz.
www.kuenstlerkreis-ammersee.de

KÜNSTLERVEREINIGUNGEN

Die Künstler aus dem Einbauschrank
Herrschinger Kunstgruppe, leider ohne Webseite. Aktuelle Termine findet man über Facebook.
https://mobile.facebook.com/KunstImEinbauschrank

Die Roseninsel e.V.
Gegründet 1983 in Feldafing von überwiegend dort lebenden und tätigen Künstlern und Kunstfreunden
http://dieroseninsel.de

Künstlerkreis Ammersee (KKA)
Zusammenschluss von Künstlern vor allem aus dem Raum Ammersee
www.kuenstlerkreis-ammersee.de

Künstlernetzwerk Föhn e.V.
Das Netzwerk fördert bildende Künstler aus München und dem Fünfseenland.
www.foehn-muc.de

Künstlerstammtisch Raisting
Plattform für Künstler und Kunstinteressierte
www.kuenstler-stammtisch-raisting.de

Kunst am Ammersee
Künstlerinnen und Künstler aus dem Raum Ammersee präsentieren hier ihre Werke.
www.kunst-am-ammersee.de

KunstFormat Ammersee
Verein zur Förderung von zeitgenössischer Kunst und Kultur am Ammersee
www.kunstformat-ammersee.de

Kunstfreunde Wörthsee
Verein, der ein Forum für bildende Künstler schaffen will
www.woerthsee-online.de/Woerthsee/Vereine/Kunstlerische_Vereine_in_der_G/Kunstfreunde/kunstfreunde.html

SKULPTURENWEGE

Skulpturenweg Ammersee
Er führt von Schondorf nach Eching, Länge: 1,5 Kilometer.
http://ammersee-skulpturenweg.de

Skulpturenweg Wörthsee
Start in Steinebach vor dem Rathaus, Seestraße 20, 82237 Wörthsee

Kastler-Kunst-Meile
Werke des Bildhauers Hans Kastler, Kellerweg 3 in 82547 Eurasburg, Ortsteil Happberg
https://tourismus.eurasburg.de/die-kastler-kunst-meile

Register

Orte und Personen

Rezepte

Impressum

Verantwortlich: Susanne Then
Lektorat: Eva Ebenhoch
Layout: Elke Mader
Kartografie: Eva Wünsch
Repro: LUDWIG:media
Herstellung: Alexander Knoll
Printed in Slovenia by Florjancic

★★★★★

Sind Sie mit diesem Titel zufrieden? Dann würden wir uns über Ihre Weiterempfehlung freuen. Erzählen Sie es im Freundeskreis, berichten Sie Ihrem Buchhändler oder bewerten Sie bei Onlinekauf. Und wenn Sie Kritik, Korrekturen oder Aktualisierungen haben, freuen wir uns über Ihre Nachricht an J. Berg Verlag, Postfach 40 02 09, D-80702 München oder per E-Mail an lektorat@verlagshaus.de.

Unser komplettes Programm finden Sie unter www.j-berg-verlag.de

Alle Angaben dieses Werkes wurden von den Autoren sorgfältig recherchiert und auf den neuesten Stand gebracht sowie vom Verlag geprüft. Für die Richtigkeit der Angaben kann jedoch keine Haftung übernommen werden. Sollte dieses Werk Links auf Webseiten Dritter enthalten, so machen wir uns die Inhalte nicht zu eigen und übernehmen für die Inhalte keine Haftung.

Bildnachweis: Alle Fotos stammen von Angelika Röder.

Umschlagvorderseite: Denise Peters vor ihrem Café Süßwahn in Dießen
Umschlagrückseite: Auf dem Hartschimmelhof bei Pähl

Die Deutsche Nationalbibliothek verzeichnet diese Publikation in der Deutschen Nationalbibliografie; detaillierte bibliografische Daten sind im Internet über http://dnb.d-nb.de abrufbar.

ISBN 978-3-86246-605-4